DESCRIPTION

NOUVELLE DE LA

CATHEDRALE

DE STRASBOURG,

ET DE SA FAMEUSE

TOUR;

CONTENANT

Ce qui s'y eft paffé depuis fa conftruction,
avec tout ce qu'il y a de remarquable au
dedans & au dehors de cet Edifice.

Avec Figures en Taille-douce :

Traduite de l'Allemand par

FRANÇOIS JOSEPH Böhm,

cy devaut maître de langue de cette Ville

Seconde Edition

Se vend chez CHRETIEN SEYFRID,
au Marché aux Cérifes.

A STRASBOURG.

Chez SIMON KÜRSNER Imprimeur de la Chancellerie.

L'an DV faVVeVr VnIqVe Vn MIL
fept Cent qVarante troIs.

APPROBATION.

J'ai lû le Manuscrit , qui a
pour Titre , Défcription
Nouvelle de la Cathédrale
de Strasbourg , & n'y ai
rien trouvé , qui puiſſe en
empêcher l'Impreſſion. à
Strasbourg , ce 7. Février
1733.

de KLINGLIN.

PRÉFACE.

LA défcription de l'Eglife Cathédrale, qu' Ofias Schadæus a fait Imprimer, il y a 100. ans, êtant devenue fort rare, a fait naître la penfée d'en donner une nouvelle, qui contînt en détail les chofes les plus remarquables, qui fe trouvent audedans & au dehors de cet Edifice.

Ce petit Ouvrage, qui eft divifé en quatorze Chapitres, parle du Commencement de la Continuation & de l'Achevement de ce Bâtiment, des habiles Architectes, qui l'ont entrepris & conduit à fa perfection.

On y voit les Plans de l'ancienne & de la nouvelle Cathédrale, avec la Defcription exacte des cinq Portails, l'Explication de leurs Statues & Figu-

res, & de celles, qui font repréfentées
fur la Porte d'Airain & fur les Vitra-
ges peints, qui contiennent les principaux Myftéres de la ReligionChrêtien-
ne avec plufieurs Faits Hiftoriques de
l'Ancien & du Nouveau Teftament.

Le Lecteur y trouvera la Défcription de l'Horloge, des Orgues, Cloches, Chapelles & Ornemens d'Eglife ;
les Endommagemens, que les Tempêtes & les Incendies ont caufés à l'Eglife
& à la Tour ; il y verra les réparations, qui s'y font faites depuis plufieurs Siécles :

L'on y a auffi inferé plufieurs Figures
en Taille-douce, pour conferver la mémoire de quelques uns de ces Monumens, que nos Ancêtres ont laiffés à
la Poftérité : Il fervira outre cela
d'inftruction tant pour le Public,
que pour le Particulier, qui, jufqu'ici
n'aïant eu qu'une connoiffance légère
& fuperficielle de cet Edifice, ne fe-
ront pas fâchés d'en favoir le précis &
les particularités.

ça êté enfin en partie dans l'intention de contenter la curiofité de
Meffieurs les Etrangers, qu'on l'a entrepris ; en leur donnant une Défcription exacte de la Tour , qui, à jufte
titre , mérite le nom d'un Chef d'œuvre de l'Architecture ; n'y en aïant aucune, qui puiffe lui être comparée ,
tant pour la hauteur & la folidité, que
pour la proportion & la délicateffe
des parties, dont elle eft
compofée.

AVERTISSEMENT.

SI j'ai entrepris de faire la Traduction de ce petit Ouvrage ; ce n'a êté que dans l'intention de me rendre au défir, que Meffieurs les François *témoignent avoir*, d'être inftruits de ce, qui concerne ce Prodige d'Architecture:

La Tour fur tout, qui (au fentiment des plus habiles Architectes) *mérite d'etre mife au nombre des Merveilles du monde* ; Car jufqu'ici rien n'aiant paru daus leur Langue, qui eût pu en donner une Idée exacte ; J'ai cru devoir m'employer, à leur procurer cette fatisfaction.

NB. *Les Auteurs, que l'on y trouvera allégués, aiant tous êcrit en Allemand, à la referve de Celui de l'Hiftoire d'Alface, on efpére, que le* Lecteur François *voudra bien rendre cette juftice au nôtre, de s'en rapporter à fa bonne foi & à fa fidelité dans les* Citations.

CHAP.

A

CHAPITRE PREMIER.

De l'Eglife Cathédrale & de fa Tour.

Dans quel tems & par qui elle a été bâtie.

NOUS lifons dans nos anciennes Chroniques, que longtems avant Jef. Chr. il y eut au même lieu, qu'occupe aujourd'hui la Cathédrale, un Bois confacré a Dieu Mars, où les Peuples d'alentour venoient lui offrir des Sacrifices : que les Romains (s'étant rendu maîtres du pays) coupèrent cette

A

Forêt & y érigèrent un Temple, dont la principale Idole fut celle d'Hercule, fous le nom de Krutzmann ou *Kriegsmann*, qui dans le langage de la nation fignifice Homme de guerre. La Statue ètoit de Bronze, aïant trois aunes de hauteur : Elle a été tranfportée à Paris fur la fin du Siécle dernier. *Shilt. p.* 550. *Schad. p.* 2. *& feqq.*

L'on tient, que ce Temple fut détruit vers l'an de J. C. 449. & qu'en 510. le Roi Clovis, qui venoit d'embraffer la Religion Chrétienne, fit conftruire à fa place une Eglife à l'honneur de la très Sainte Trinité, fous l'invocation de la Ste. Vierge : Nous en donnons ici le Plan, lettre B. d'après le Manufcrit de Königshoffen. *p.* 214. *Schilt. p.* 548. *Schad. p.* 6.

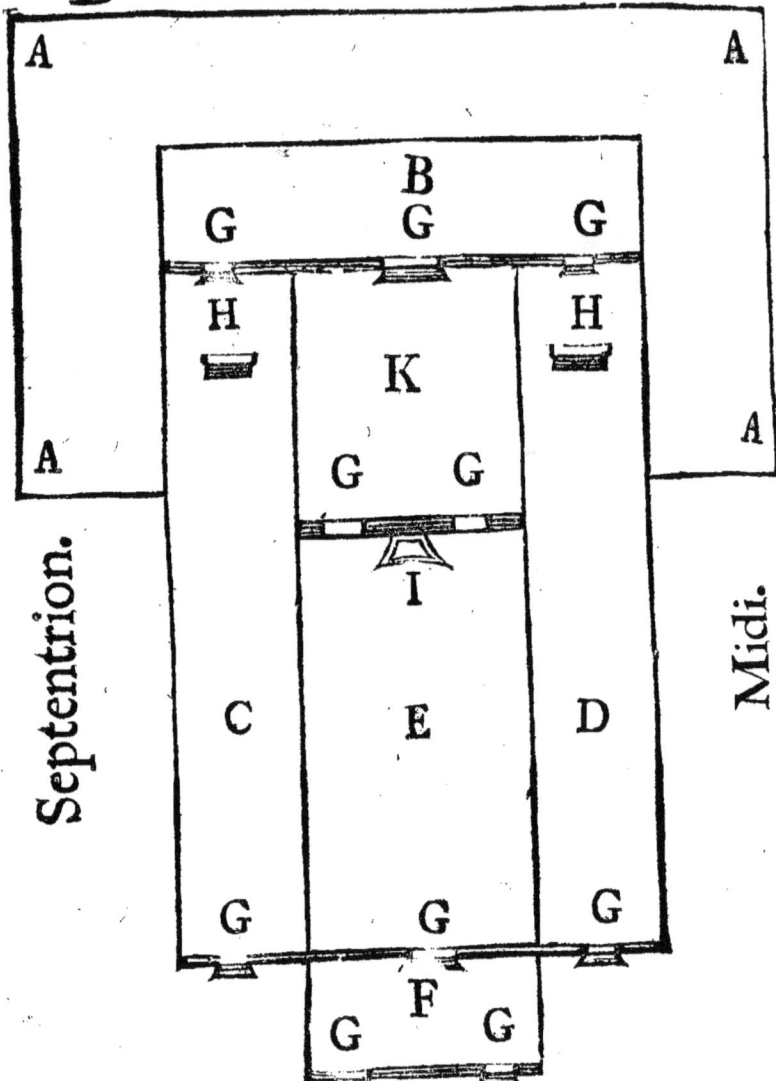

Orient.

B

A A

B
G G G

H H

K

G G

I

E

Septentrion.

C E D

G G G

F
G G

Occident.

Midi.

LETTRES INDICATI-
VES DU PLAN CI
CONTRE.

A. La demeure des Prêtres.
B. Grande cour.
C. Collatéral de l'Eglise pour les Femmes.
D. Collatéral pour les Hommes.
E. La Nef, où l'on avoit coûtume de prêcher & de conférer le Baptême.
F. L'entrée de l'Eglise pour les Pénitens.
G. Les Portes.
H. Les Autels.
I. La Chaire.
K. Le Chœur. *Schilt. p. 549. Schad. p. 7.*

Au commencement du septiéme Siécle le Roi Dagobert le Grand enrichit cette Eglise par des Fondations confidérables. *Schilt. p. 565.*

A 3

Sur la fin du huitiéme Siécle , Char-
les-magne fit bâtir le Chœur, tel qu'on
le voit encore aujourd'hui , & y donna
plufieurs Reliques & autres magnifi-
ques préfens. *Schilt. p.* 557. *&* 565.

L'an 1007. jour de St. Jean Baptifte,
la Nef fut réduite en cendres par le feu
du Ciel , à la réferve du Chœur. Königshoff. *p.* 214. *Schad. p.* 10. Werner Comte de Habsbourg, alors Evêque
deStrasbourg s'empreffa à réparer cette
perte par un Edifice encore plus fuperbe: Il appella les plus célébres Architectes de fon tems , pour en dreffer le Plan,
que l'on conferve encore dans les Archives de la Fabrique , & l'on employa
huit ans entiers à préparer les matériaux. *Schilt. p.* 557. *Schad. p.* 11. ainfi,
ce fut en 1015. que l'on commença à
jetter les fondemens. Königshoff. *p.*
214. *Schilt. p.* 557. l'on trouva en creu-
fant plufieurs corps & cercueils de fes
prédéceffeurs, que l'on dépofa dans une
Chapelle , en attendant, que l'Edifice
fût achevé. *Schad. p.* 11.

Heckler habile Architecte de Strasbourg dans un manuſcrit, que nous avons de lui, aſſûre, que les fonde-mens, qui ont 27. pieds de profondeur, furent jettés ſur des pilotis, affermis d'un ciment compoſé de charbon pilé & d'argile.

Ces belles pierres de taille, dont cet Edifice eſt conſtruit, furent amenées du Cronthal par corvées des Payſans de douze lieues à la ronde ; ce qui a fait donner à la place, qui eſt entre la Ca-thédrale & le Palais Epiſcopal, le nom de Fronhoff, c'eſt à dire place ou cour des corvées. L'on travailla avec tant d'ardeur & d'aſſiduité, que dans 13. ans, c'eſt à dire en 1028. l'ouvrage fut con-duit jnſqu'à la toiture. *Schilt. p. 558. Schad. p. 11.*

L'an 1019. l'Empereur Henri ſecond vint à Strasbourg, y établit le grand Chapitre des 24. Comtes & augmen-ta les Revenus des Canonicats : Il vou-lut auſſi lui même ſe mettre au nom-bre des Chanoines ; mais les Princes de l'Empire aiant refuſé d'y conſentir, il fonda un Prébendier pour tenir ſa

A 4

place, que l'on apelle depuis le Roi du
Chœur. *Schilt. p.* 111. & 766. *Schad.*
p. 11. & 12.

L'an 1028. le 27. Octobre, mourut
l'Evêque Werner, laiffant fort avancé
l'ouvrage qu'il avoit commencé. *Schilt.*
p. 563. *Schad. p.* 12.

L'an 1053. le Pape Leon IX. de la
Maifon des Anciens Comtes d'Alface
paffant par Strasbourg dans fon voya-
ge de Rome, témoigna beaucoup de
fatisfaction de cet Edifice, & s'étant
arrêté quelques jours dans cette Ville,
il y confacra l'Eglife de St. Pierre le
Jeune, à laquelle il accorda, de même
qu'à la Cathédrale, des priviléges
particuliers. *Schilt. p.* 188. *Schad. p.* 12.

L'an 1242. l'Evêque Henri fit bâtir la Chapelle de St. George, & 14.
ans après il la Confacra avec celle de
St. Blaife. *Schilt. p.* 13.

Enfin après 260. ans de travail &
une dépenfe incroyable, ce vafte Edifice fut achevé en 1275. on amaffa enfuite des pierres pour élever la Tour.
Königsb. p. 558. *Schad. p.* 13.   Nous

allons en donner les différentes dimenfions & l'explication de fon
Plan ci joint. L'on peut remarquer en paffant, que du milieu de
la Nef l'on conte 18. grands Piliers,
dont le plus maffif a 72. pieds $2\frac{1}{2}$.
pouces de circonférence, & le plus dé-
lié 29. pieds $8\frac{1}{2}$. pouces.

DIMENSIONS DE LA CATHEDRALE.

	Mefure de Strasb.		
	Pieds	Pou- ces.	Lig- nes.
La longueur du Chœur fans les murailles tient.	111	--	6
Sa largeur - - - -	67	--	
La longueur de la Nef.	244	--	
Sa largeur y compris les deux Collatéreaux	132	--	
Depuis les Sacrifties juf- qu'aux trois Portes.	313	4	6
La hauteur de la Nef juf- qu'à la Voute. - -	71	10	3

A 5

Le Chœur eſt élevé & fermé d'un grillage de fer.

En 1732. le Chœur fut aggrandi comme on le voit ſur ce Plan : les Eſcaliers, qui conduiſoient de la Nef au St. Sépulcre furent tranſportés à côté des deux gros Piliers du Chœur.

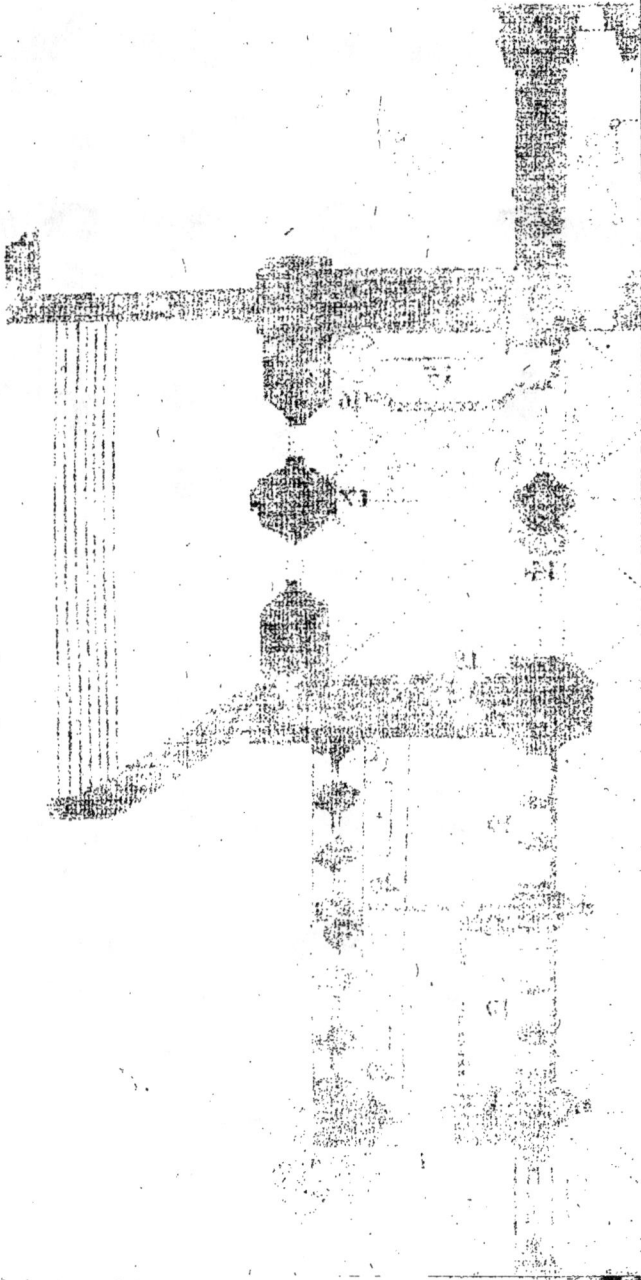

Grundriß des Münsters zu Straßburg
Plan de la Cathédrale de Strasbourg

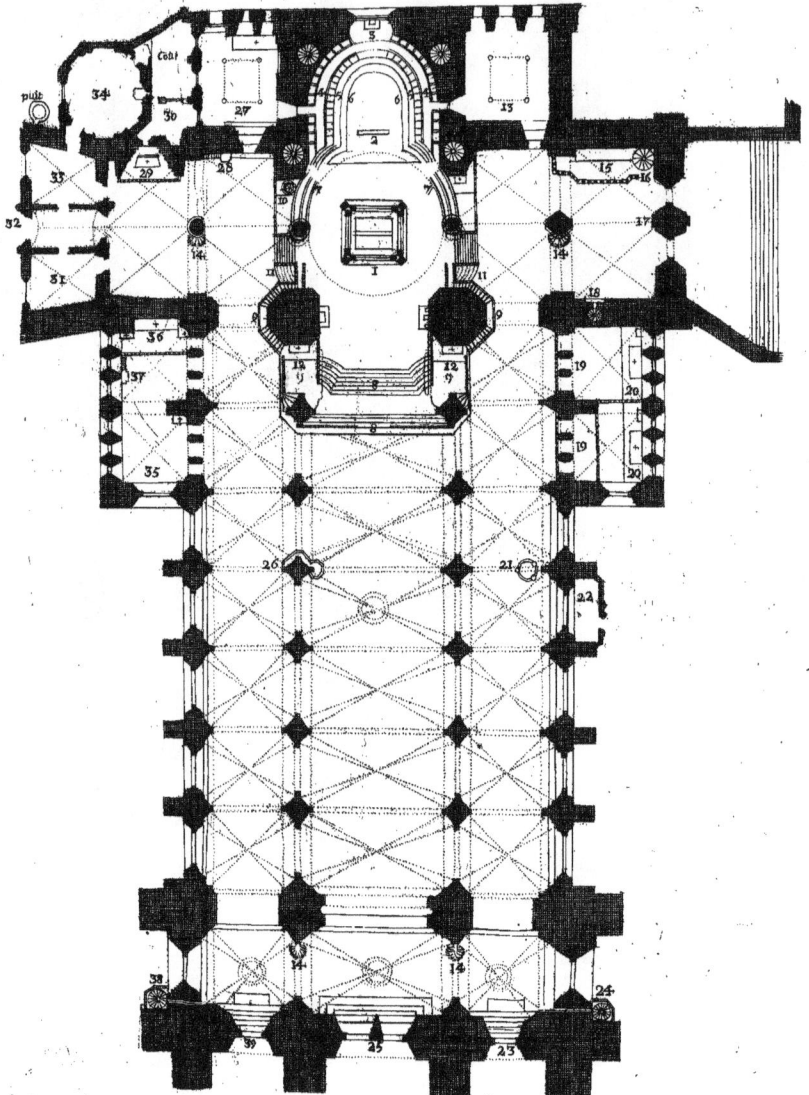

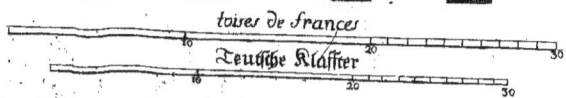

toises de frances

Teutsche Klaffter

CHIFFRES INDICATI-
VES DU PLAN DE LA
CATHEDRALE.

1. Le grand Autel.
2. Le Lutrin.
3. Le Thrône de l'Evêque.
4. Les Staux des Chanoines.
5. Les Staux des Prébendiers.
6. Les Siéges des Vicaires.
7. Les Bancs des Séminariftes.
8. Les Efcaliers du Chœur.
9. Les Efcaliers des Tribunes de Mufique faite en 1743. ou deffein du Sr. Maffol Architecte de S. A. E. Monfeigneur le Cardinal de Rohan.
10. Les Fonts Baptifmaux.
11. Les Efcaliers du Caveau deffous le Chœur.

12. Les deux Autels aux deux grands Piliers à côté du Chœur.
13. Là Sacriſtie du côté de l'Horloge.
14. Les Bénitiers.
15. l'Horloge.
16. Eſcalier de l'Horloge.
17. Le Portail vis à vis le Palais Epis-copal.
18. Eſcalier, qui conduit aux Voutes de la Nef.
19. La Chapelle de Ste. Cathérine.
20. Les deux Autels dans cette Cha-pelle.
21. Le Puits.
22. Les anciennes Archives.
23. Le Portail ſur la droite.
24. Les Eſcaliers, qui conduiſent à la Tour.
25. Le grand Portail.
26. La Chaire Epiſcopale.
27. La Sacriſtie des Prébendiers.
28. L'ancienne Chaire de la Paroiſſe.
29. l'Autel du Chriſt.
30. La Sacriſtie des Chantres & Enfans de Chœur.
31. La Sacriſtie de la Paroiſſe.

32. Le Portail de St. Laurent.
33. l'anti Sacriftie des comtes ou Chanoines.
34. La nouvelle Sacriftie des Comtes fuivant le projet du Sr. Maffol en 1743.
35. La Chapelle de St. Laurent (autrefois St. Martin.)
36. Les trois Autels dans cette Chapelle.
37. La nouvelle Chaire de la Paroiffe.
38. Efcalier, qui conduit aux Orgues.
39. Le Portail fur la gauche.
40. Efcaliers, qui conduifent aux Voutes du Chœur.

L'an 1276. avant que l'on commençât la Tour, l'Evêque Conrad II. célébra la Meffe Solemnelle à l'honneur de la Ste. Vierge le jour de la Purification: elle fut fuivie d'une nombreufe Proceffion accompagnée de tout le Clergé: on fit 3. fois le tour de l'Eglife & de la place marquée pour la

Tour : l'Evêque commença enfuite à fortir trois Pellées de terre ; les Comtes Chanoines & tout le Clergé en firent de même ; après quoi les ouvriers commencèrent à creufer les Fondemens : Deux d'entre-eux jaloux, à qui mettroit le premier la main à l'endroit, où l'Evêque avoit commencé à creufer, en vinrent aux mains & l'un fut tué à coups de pelles : l'Evêque effrayé de ce Fait donna ordres, qu'on ceffât de travailler pendant neuf jours, & bénit de nouveau la place ; puis ou continua l'ouvrage, & les Fondemens, qui eurent 27. pieds & trois pouces furent jettés & affermis d'une compofition d'Argile & de Charbon pilé ; l'année d'enfuite ils furent achevés. L'Evêque Conrad en pofa la première pierre le jour de St. Urbain. *Schilt. p. 563. Schad. p. 13.* Manufcrit de Heckler.

Ervin de Steinbach en ètoit pour lors l'Architecte : Nous le voyons par une infcription, qui ètoit ci-devant au-

deſſus de la grande Porte. *Schilt. p. 558.*
Schad. p. 14. En voici les termes.

Anno Domini 1277. in die
Beati Urbani hoc glorio-
ſum opus inchoavit Ma-
giſter Ervinus de Stein-
bach.

On dreſſa dans le même tems deux
Portails ornés de diverſes belles Statues
du côté du Palais Epiſcopal, où Sabine, fille de l'Architecte nous a laiſſé
une piece de Sculpture digne de ſa mémoire. Voyez le chap. ſuivant.

Le célébre Architecte Ervin aïant
achevé la Chapelle de Nôtre Dame
l'an 1316. mourut enfin en 1318. Son
Epitaphe & celle de ſa Femme ſont au-
dehors de la Cathédrale, vis à vis le
Cloître. *Schad. p. 15.*

Anno Domini. 1316. XII. Kal. Augufti obiit Domina Hufa Uxor Magiftri Ervini.

Anno Domini 1318. XVI. Kal. Febr. obiit Magifter Ervinus, Gubernator Ecclefiæ Argentinenfis.

Ce premier architecte eut pour Succeffeur fon Fils Jean, qui éleva la Tour jufqu'à la platte-forme, avec autant de réputation que fon Pere. *Schilt. p.* 558. *Schad. p.* 15. il mourut en 1339. en voici l'Epitaphe, qui eft audeffus de celui de fon Pere.

Anno Domini 1339. XV. Kal. April. obiit Magifter Johannes filius Ervini Magiftri operis fui æmulus.

On

On n'a pû découvrir dans aucune Chronique le Succeſſeur de ce dernier, qui ait commencé les quatre Eſcaliers tournans. L'Architecte Heckler dans ſes remarques ſur la Cathédrale dit, que pluſieurs y avoient travaillé, dont on voit encore les Armes taillées dans la pierre en divers endroits de la Tour : On ſait cependant, que Jean Hültz de Cologne a achevé les ſuſdits Eſcaliers avec la Tour juſqu'à la Fléche. *Schad. p.* 16. il mourut l'an. 1449. ce que nous voyons par ſon Epitaphe à côté de la porte de la grande Sacriſtie en dehors vis à vis le Cloître.

En 1340. l'Evêque Berthold fit bâtir une Chapelle dans la Cathédrale à l'honneur de Ste. Cathérine, dans la quelle il ordonna à l'Architecte de lui faire ſon Tombeau : Cet Evêque lui aïant un jour demandé ce qui en étoit, eut pour réponſe, qu'il feroit aſſez magnifique, pour y repoſer le Corps de Nôtre Seigneur même ; il voulut le voir, & l'aïant en effet trouvé ainſi ; il dit, qu'il ne convenoit point, que ſon Tombeau fût plus beau, que celui de

N. S. ordonnant, qu'il ferviroit de St. Sépulcre pour le Vendredi Saint; il y attacha des Fondations particuléres. *Königsh. p. 216. Schilt. p. 258. Schad. p. 16.*

L'an 1439. la Tour fût enfin achevée la Semaine de St. Jean Bapt. on y pofa une belle Croix, audeffus de laquelle fût dreffée la Statue de la Ste. Vierge, Protectrice de la Ville & de la Cathédrale. *Schilt. p. 564. Schad. p. 16.*

On a employé 162. ans à bâtir la Tour, & 422. ans à tout l'Edifice tel qu'il eft aujourd'hui.

L'on voit les juftes dimenfions & la véritable fituation du dedans de la Cathédrale fur le Plan P. page 9. dreffé par le Sr. Sauffard ci-devant architecte du G. chapitre. Revû corrigé & augmenté par Jofeph Maffol Architecte de l'Eveché & du G. chapitre.

L'Elevation de cet Edifice eft repréfentée à la figure. C.

LA TOUR.

Ce fuperbe Monument d'Architecture Gothique paffe avec raifon pour le plus beau, qu'il y ait au monde en ce genre, tant pour la hau-

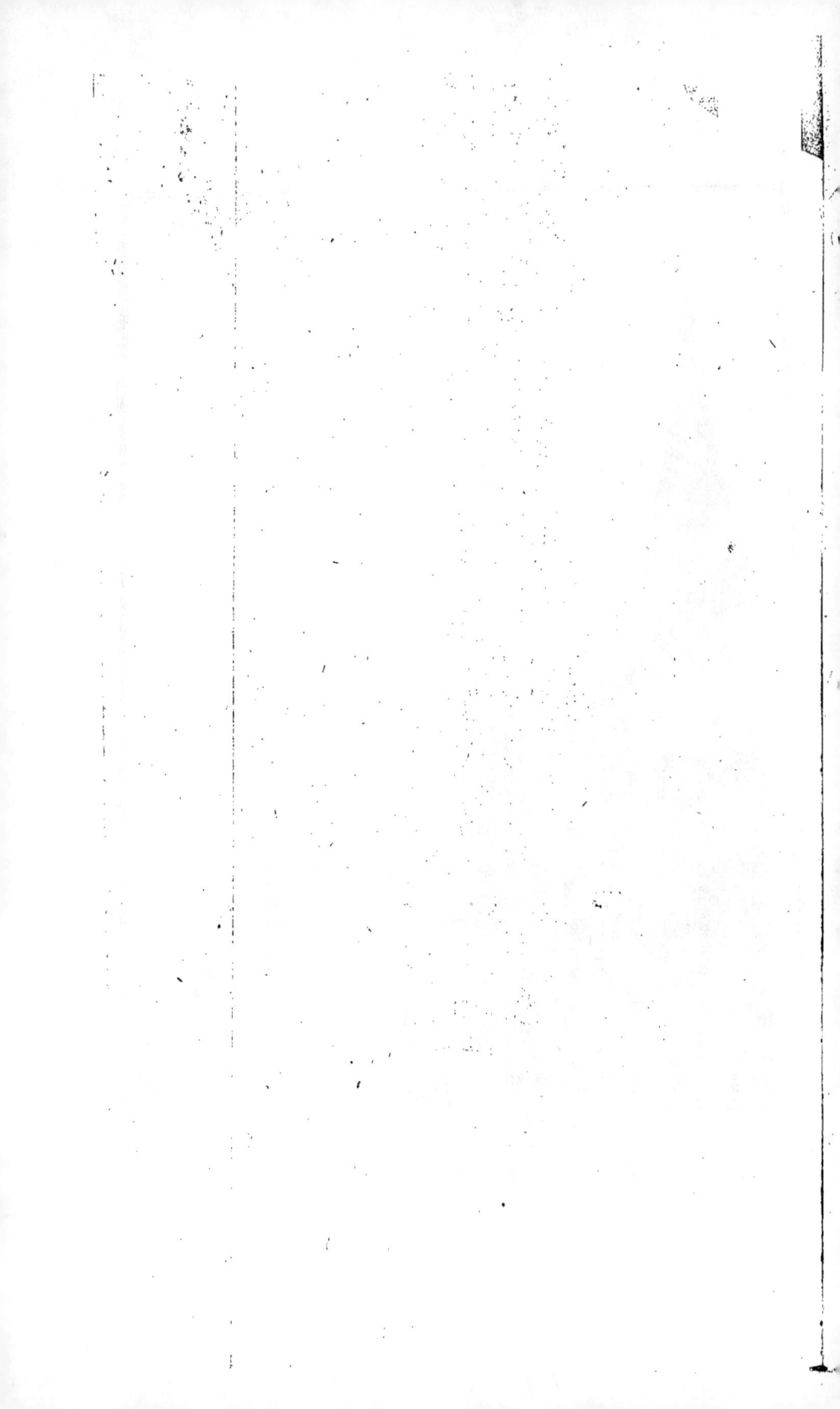

teur, que pour la délicateſſe de l'ouvrage, tout percé à jour, en ſorte,
qu'en la regardant ſous certains aſ-
pects, l'on a peine à concevoir com-
ment elle peut ſe ſoûtenir & réſiſter
aux injures du tems : il faut l'avoir
vue, & même y être monté pour en
bien concevoir tout l'artifice : Le diſ-
cours & la gravure n'en peuvent donner qu'une idée fort imparfaite. Nous
en ferons cependant ici une légére dé-
ſcription.

Le Frontiſpice de la Cathédrale pré-
ſente d'abord à la vue trois grands
Portails, embellis de tout ce que
l'Architecture Gothique a de plus dé-
licat : celui du milicu, qui répond à
la Nef, eſt ſurmonté d'une grande
Roſe de vitrage peint, le Ceintre
fleuronné extérieur, qui l'environne,
& qui eſt détaché du mur, eſt un ouvrage très hardi : Audeſſus s'élève une
grande Tour, en forme de quarré
oblong & terminée en platte-forme :
c'eſt dans cette Tour que ſont les
Cloches.

B 2

Sur chacun des deux autres Portails, qui répondent aux Collatéreaux, l'on devoit (fuivant le deffein d'Ervin de Steinbach) élever une Tour : Il n'y a que celle de la gauche, qui foit achevée ; celle de la droite n'a été pouffée qu'à quelques dégres au delà de la Platte-forme.

Cette magnifique Tour peut fe divifer comme en trois étages différens ; Le premier depuis la voute des Collatéreaux jufqu'à la hauteur de la Platte-forme eft de figure quarrée avec de grands jours des trois côtés, & femble ne faire qu'un même corps avec le Clocher du milieu, n'en étant féparé que par un intervalle fort étroit.

Au Niveau de la Platte-forme elle prend une figure Octogone, percée à jour du haut embas, excepté une gallerie, qui regne tout au tour à plus des trois quarts de fa hauteur, en forte, qu'elle ne fe foutient que fur la maffonnerie de fes angles : Ce fecond étage eft fermé par une double vou-

te en pierres de taille, dont la premi-
ére eſt tout evuidée, n'aïant préciſé-
ment qu'un compartiment de ceintres
diverſement entrelaſſés : la ſeconde eſt
preſque toute platte.

Dans toute cette hauteur la Tour eſt
flanquée de quatre Eſcaliers hors d'œuvre ou tourelles hexagones, percées
de toute part, n'aîant de maçonnerie
que celle des angles & de la rampe de
l'Eſcalier : l'un de ces Eſcaliers eſt double, en ſorte, que deux perſonnes peuvent y monter en même tems & ſe
parler ſans ſe voir.

La Fléche enfin fait le troiſiéme étage : c'eſt une pyramide Octogone évui-
dée de toute part & dont les arêtes ſont
autant d'Eſcaliers tournans, par où l'on
monte ſans danger juſqu'à la Lanterne,
delà à la Croix & à la Boule en dehors
par le moyen des barres de fer qui
y ſont.

Les différentes voutes ſont tellement percées, que depuis le haut de
la couronne on voit en ligne perpendi-
culaire juſques ſur le pavé de l'Egliſe.

B 3

La hauteur de la Tour fut mefu-
rée méchaniquement en 1666. par
l'Architecte Jean George Heckler
avec une chaine; il la trouva de 494.
pieds 1. pouce, ce qui s'accorde avec
celle que lui donnent Mrs. Schneiber,
Scheid & Reinbold, qui l'ont mefu-
rée Géométriquement à 4. pouces de
différence près.

Nombre des Dégrés de la Tour.

Dégrés.

Depuis le Rez de chauffée juf-
qu'à la première, Galerie, il
y a - - - - - - - - 99.
Depuis cette Galerie au Grilla-
ge de fer. - - - - - 103.
Depuis le Grillage de fer aux
Cloches - - - - - - 25.
Depuis les Cloches à la Plat-
te-forme - - - - - 102.
Delà à la feconde Galerie. - 191.

Depuis la feconde Galerie aux
   huit Efcaliers tournans - 36.
Depuis ces huit Efcaliers aux
   quatre Efcaliers. - - - 36.
Delà aux Dégrés, qui con-
   duifent à la Lanterne. - - 24.
Depuis la Lanterne à la Couronne. - - - - - - 19.

Somme totale des Dégrés. 635.
Remarquez, que ces Dégrés font
de différente hauteur.

DE LA CROIX ET
de la Boule de cette Tour.

Il y avoit autrefois audeffus de la
Croix la Statue de la Ste. Vierge.
Voyez la figure *pag.* 1. *litt.* A. L'an
1488. on l'en ôta pour prévenir le
danger, qu'elle avoit deja courru
plufieurs fois d'être renverfée par les
Tempêtes. l'an 1493. on la pofa au
deffus du Portail vis à vis le Palais

Episcopal, où on la voit encore aujourd'hui. *Schilt. p.* 565. *Schad. p.* 17.
& 18.

On mit á sa place une pierre
Octangulaire, sur la quelle étoit taillé
un Calice avec une Hostie, une Clef
à coté & quatre petites Croix aux
extrémités comme ci à la figure D.
Schad. p. 18.

Cette Pierre fut brisée par un coup
de foudre en 1626. on en remit une
autre à sa place, également Octangulaire avec un Calice, une Hostie, deux
Clefs en Sautoir & cette inscription
GLORIA IN EXCELSIS DEO.
voyez à la lettre E. Heckler dans son
Manusc.

Celleci aïant encore été renversée
par la foudre en 1654. Heckler pour
lors Architecte en fit la troisiéme en
1657. qui fut aussi Octangulaire ; elle eut
un pied, neuf pouces de Diamétre avec
une H. entourée de 4. petites Croix &
cette inscription. *URBEM CHRISTE
TUAM SERVA.* Voyez la figure F.
on employa depuis midi jusqu'à une
heure à la monter & à la poser.

E

GLORIA IN EXCELSIS DEO.

D

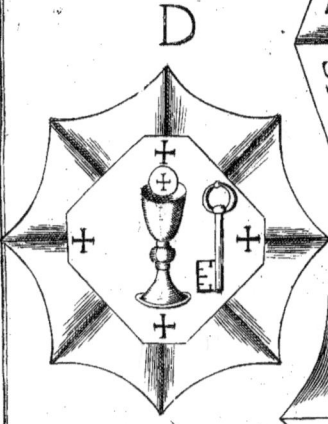

F

CHRISTE TVAM SERVA VRBEM

G

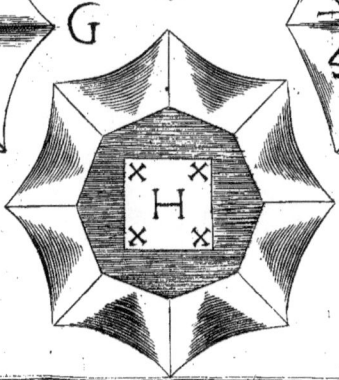

Celle, qu'on y voit aujourd'hui, est de la même forme que les précédentes; son Diamétre est de 15. pouces avec la marque d'une H. & 4. petites Croix autour. voyez la figure G.

DIMENSIONS
de la Tour.

	Mesure de Strasb.		
	Pieds.	Pouces.	Lignes.
Depuis la Boulle jusqu'à la Rose il y a - -	11	5	3
Depuis la Rose à la premiére marche de la Couronne - - -	14	11	--
Delà à la premiére petite Galerie, qui conduit à la Couronne. - -	6	7	6
Depuis cette Galerie jusqu'aux marches, où aboutissent les dégrés quarrés. - - - -	6	6	7½
Delà au Dauphin. -	10	7	6
Depuis le Dauphin jusqu'à la Guinde. - -	49	11	9

	Pieds	Pouces.	Lignes.
De la Guinde à la Voute naiffante, où commencent les Efcaliers tournans. - - - -	30	11	9
Depuis cette Voute jufqu'à celle, proche de l'Horloge fur la Platte-forme. - - -	132	-	6
Depuis la Platte-forme jufqu'à la premiêre voute près des Clothes, où fe termine le poid de l'Horloge. - - -	88	-	-
Delà à la Voute près des Orgues où il y a un grand couvercle de cuivre. - - - -	70	2	-
Depuis cette Voute jufqu'au pavè de l'Eglife, où il y avoit autre fois cette † - -	71	10	3
Somme totale.	494.	1.	-

Cette hauteur se prend & se trouve de différentes manières.

1. Par une Toise, divisée en Pieds, Pouces & Lignes.
2. Par l'ombre de la Tour, comparée avec celle d'une Toise également partagée en ses parties.
3. Par un Miroir posé à terre, dans lequel la pointe de la Tour est représentée à l'œuil par la reflexion des rayons.
4. Par un Triangle divisé en Pouces & Lignes dont on peut se servir en plusieurs manières.

Toutes ces façons de mesurer font trés justes.

La hauteur de cette Tour passe celle du Dôme de St. Pierre dè Rome de 24. pieds & un pouce.

Elle passe encore celle de St. Etienne de Vienne en Autriche de 34. pieds 9. pouces. Voy. Manusc. de Heckler

Le pied de la Ville de Strasbourg a
douze pouces, celui de son territoire
en a douze & 3. lignes.

Le pied de Paris tient 13. pouces &
une ligne de la mesure de Strasbourg.
Observat. de *Schilt.*

CHA-

* * *
* *

CHAPITRE SECOND.

Les cinq Portails de la Cathédrale.

IL y a deux chofes à re-
marquer à ces Por-
tails, favoir l'exacte
proportion, l'ordre &
la beauté de l'ouvrage
& des Statues, qui font taillées &
repréfentées au naturel : les Hiftoires
de l'Ancien & du Nouveau Teftament, qui peuvent fervir d'inftruction.

Le grand Portail.

Le haut de ce Portail eſt orné de ſix colomnes & de pulſieurs belles Statues élevées ſur un triangle, audeſſus duquel eſt Dieu le Pere, plus bas la Sainte Vierge avec l'Enfant Jeſus; puis Salomon aſſis ſur un Thrône environné de 12. Lions & autres figures. *lib. 3. Reg. Cap.* 7.

Le Fronteau a dans ſa perſpective cinq rangs de Statues au tour.

Le premier rang d'enhaut repréſente ce que nous liſons. *Gen. Cap.* 1.

1. La création du monde.
2. L'Eſprit de Dieu porté ſur les Eaux.
3. La création du Soleil & de la Lune.
4. La ſéparation des Eaux d'avec les Eaux.
5. Dieu crée le Firmament.
6. Création des Plantes & des Arbres fruitiers.
7. Création des Oiſeaux & des Poiſſons.
8. Création des autres Animaux.
9. Création d'Adam & d'Eve.

10. Dieu leur défend le fruit de l'Arbre.
11. Eve trompée par le Serpent séduit Adam.
12. Dieu apelle Adam.
13. Adam & Eve chassés du Paradis.
14. La Naissance de Caïn & d'Abel.
15. Adam cultivant la terre & Eve occupée à filer.
16. Sacrifices de Caïn & d'Abel.
17. Parricide de Caïn.
18. Fuite de Caïn.

Chacune de ces Histoires est représentée separément dans ce rang de même que dans les suivans.

Second Rang.

1. Abraham demande grace pour les Sodomites. *Gen.* 18.
2. Sacrifice d'Abraham. *Gen.* 22.
3. L'Arche de Noë. *Gen.* 6.
4. Cham insulte son Pere dans l'yvresse. *Gen.* 9.
5. Jacob voit les Anges en songe monter & descendre par une Echelle. *Gen.* 28.

6. Le Buisson Ardent. *Exod.* 3.
7. Le Serpent d'Airain. *Num.* 21.
8. Moïse frappe le Rocher. *Exod.* 17.
9. Josué & Judas Conducteurs du Péuple après Moïse. *Jos.* 1.
10. Othoniel premier Juge. *Judic.* 3.
11. Elie laisse son Manteau à son Serviteur Elisée. 2. *Reg. Cap.* 2.
12. Jonas rejetté sur le Rivage par la Baleine. *Jon.* 2.
13. Samson déchire le Lion. *Judic.* 14.
14. Le Roi Ezechias demande la santé. 4. *Reg. Cap.* 20.
15. Josué fait poser une grande pierre sous un Chêne à Sichem. *Jos.* 24.
16. La Conversion du Roi Manasses. 2. *Paralip. Cap.* 23.

Le troisiéme rang représente les Martyres des douze Apôtres & des deuxLévites St. Etienne &St. Laurent. par 14. différentes figures,

Le quatriéme rang contient douze figures, parmi les quelles on voit les 4. Evangélistes & les Docteurs de l'Eglise.

Le ciuquiéme & dernier rang contient

tient les Miracles de Jefus Chrift gué-
riffant les Malades & les Lépreux,
rendant la vue aux Aveugles, chaf-
fant les démons des poffédés, refufci-
tant les morts, comme le tout eft
rapporté par les 4. Evangeliftes.

Des deux côtés de ce Portail on
voit plufieurs Anges avec des Inftrumens de Mufique, pour louer le Seigneur. *Pfal.* 150.

Il y a entre les deux battans de cette Porte un pilier, fur lequel on voit
la Statue de la Ste. Vierge avec l'Enfant
Jefus fur fes bras.

Audeffus de la Porte il y a quatre
rangs, où font repréfentés l'Entrée de
J. C. dans Jérufalem le Jour des Ra-
maux, La Sainte Céne, le Soufflet,
qu'il reçut chez Caîphe, la Flagella-
tion, le Couronnement, fon Crucifi-
ment, fa Sépulture, fa Réfurrection,
l'Apparition à fes Difciples, Thomas
touchant les Playes de Jefus Chrift &
l'Afcenfion.

Le traître Judas, qui fe pend par lin-

C

ſtigation du démon, qui paroit derriére lui ſous la figure d'un bouc.

Aux deux côtés de la Porte il y a douze grandes Statues de pierre, qui repréſentent les Scribes & les grands Prêtres, ceux ſur tout , qui ont les premiers contribué à la mort de Jeſus Chriſt.

LA GRANDE PORTE,
Autrement la Porte
d'Airain

ESt à quatre battans, deux en dehors, qui ſont de planches, & qui ſervent à couvrir les deux battans en dedans, qui ſont d'Airain : il s'y trouve quantité de figures ſur la droite, où en ſont contenus quatre rangs avec cette inſcription audeſſus.

Argentina bona cum ſis ſplendore corona.
Lætaris Palma , quam virgine ducis ab alma.

Les fept Planettes y font jointes par leur noms. *Soll*, *Luna*, *Mars*, *Mercurius*, *Jupiter*, *Venus*, *Saturnus*. On y voit enfuite quelques figures des Saints & cette infcription au deffous.

Anno Domini 1343. in vigilia B. Adelphi reædeficata funt hæc Oftia, orate pro nobis.

Quos capit hæc valva, Dens omni tempore falva.

Il y a encore diverfes figures, qui repréfentent les Hiftoires de l'Ancien Teftament.

Au haut du battant gauche font quelques figures des Saints & cette infcription au deffous.

RENOVATUM 1700.

Le refte repréfente les Myftéres de l'Incarnation, de la Réfurrection, l'Apparition & l'Afcenfion de Jefus

C 2

Chriſt, les Martyres des douze Apôtres ; de St. Etienne , St. Laurent,
St. Denys, de quelques Evéques &
autres Saints , comme on le trouve
dans le Martyrologe Romain & dans
la Vie des Saints.

PORTAIL SUR LA
droite.

L'On voit audeſſus de ce Portail Je-
ſusChriſt Souverain Juge, aſſis ſur
un Arc-en-Ciel , plus bas la Réſurrec-
tion des Morts , au milieu les Reprouvés de toutes conditions, entrant dans
la gueule du Dragon infernal ; quatre
divers rangs regnent au tour, qui ren-
ferment les Anges & les Saints , qui
doivent participer à la Gloire de Jeſus
Chriſt dans le Ciel.

Aux deux côtés eſt repréſentée la
Parabole du Royaume des Cieux
par les dix Vierges invitées à la Nô-
ce. *Math.* 25. l'Epoux avec les cinq
Sages à la droite , l'Epouſe avec les

cinq Folles à la gauche ; celles-ci tenant leus Lampes renverfées & les autres les tenant debout.

PORTAIL SUR LA
gauche.

CElui-ci contient la Purification de la Vierge, l'Arrivée des Mages, les fept Péchés Capitaux par fept figures ou Statues, dont chacune tient une tête fous les pieds avec ces mots.

1. *Superbia.*   l'Orgueil.
2. *Avaritia.*   l'Avarice.
3. *Luxuria.*   la Luxure.
4. *Invidia.*   la l'Envie.
5. *Gula.*   la Gourmandife.
6. *Ira.*   l'Ire.
7. *Acedia.*   la Pareffe.

Ces mots êtant prefque effacés par linjure du tems, ne font plus lifibles.

Aux deux côtés, de ces Figures il y en a quatre autres dans des rangs

feparés, qui marquent les quatre Ver-
tus Cardinales.

1. *Prudentia*   La Prudence.
2. *Juftitia*   La Juftice.
3. *Fortitudo*   La Force.
4. *Temperantia* La Temperance.

PORTAIL,

Qui donne fur les Fron-hoff.

IL y a audeffus de ce Portail tout
en haut trois divers Cadrans, plus
bas fur une petite Galerie de pierre la
Statue de St. Arbogafte, enfuite l'Horloge, fur lequel eft repréfenté le cours
du Zodiaque & la Lune avec fon mouvement périodique : cette machine
eft gouvernée par l'Horloge de dedans
l'Eglife, dont il fera parlé en fon lieu.
Immédiatement au deffous de ceci
vous voyez la Statue de la Vierge, qui
aïant été fur la croix de la Tour en 1439.
en a été défcendue en 1488. & pofée
ici en 1493. A l'Entrée entre les deux
Portes, il y a la Statue de Nôtre Seï-

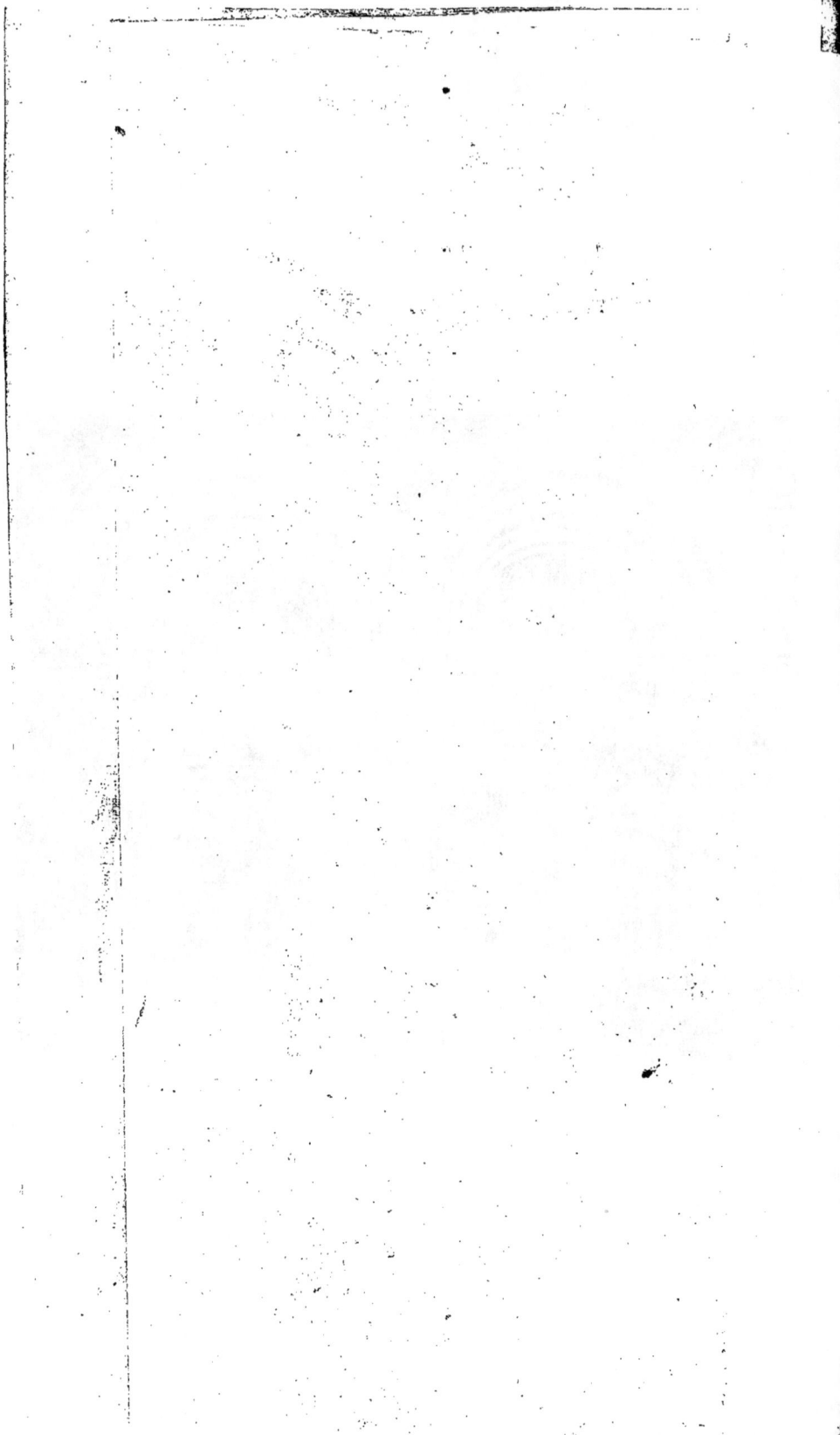

gneur , & celle d'un Roi audeſſus, couronne en Tète & le Glaive à la main : les douze Apôtres aux deux còtés , St. Jean tenant une volute où ſont êcrits ces vers latins.

Gratia Divinæ Pietatis adeſto Sa-
vinæ,
De Petra dura per quam ſum faſta
figura.

Voulant marquer par là, que Sabine, fille de l'Achiteſte Ervin avoit taillé cette Statue.

Sur la droite eſt repréſentée l'Egliſe chrêtienne, par une femme , tenant d'une main un calice avec une Hoſtie, de l'autre une croix & cette inſcription en allemand audeſſus de ſa tête,

Par le ſang de Ieſ. Chr. je ſuis ton
vainqueur.

Sur la gauche eſt repéſentée la Sy-nagogue par une autre femme aïant les yeux bandés, tenant d'une main les Tables de Moïſe, de l'autre une fléche rompue avec cette incription en alle-mand audeſſus de ſa tête :

C'eſt ce ſang qui m'éblouït.

Ces deux derniéres figures font auffi repréfentées audeffus de la grande
Porte derriére le Crucifix.

Au deffus de la Porte , qui eft à la
droite , on voit la Mort & la Sépulture
de la Ste. Vierge: l'Affomption & fon
Couronnement fur la gauche.

l'On peut anjoûter ici en paffant:
qu'en 1348. l'Empereur Charles IV.
venant à Strasbourg, entra dans cette
Cathédrale, aïant la Couronne en tête,
le Sceptre & la Pomme à la main
l'Evêque Berthold II. reçut de fes
mains fur le Perron de cette Porte l'In-
veftitute de fes Fiefs & Lui rendit
hommage.

Chapelle & Portail de St. Laurent.

LEs Fondemens de cette Chapelle, qui
ont 21. pieds, furent jettés par l'habile Architecte Jaques de *Landshut*, qui
employa onze ans à lachever *Schilt.*
p. 565. *Schad. p.* 18. il mourut en 1495.
ce qui fe voit par fon Epithaphe fur la

droite de la porte de la Sacriftie du grand Chœur vis à vis le Cloître.

A l'Entrée, audeffus de la Porte de cette Chapelle, il y a St. Laurent fur le gril, fes bourreaux à côté, qui atti-fent le feu ; Plus bas fur la droite, la Statue d'un Pape & autres figures : l'Adoration des Mages fur la gauche.

En entrant dans le veftibule, on voit audeffus de la feconde Porte d'un côté le Roi David avec fa Harpe & les Mages offrant leurs préfens à l'En-fant Jefus, de lautre, le retour des Mages.

CHAPITRE TROISIEME.

Les Autels, Sacristies, St. Sépulcre & Ornemens.

NOs anciennes Chroniques mettent les Autels, qu'il y avoit autrefois dans cette Eglise, au nombre de cinquante ; aujoud'hui on n'y en conte plus que dix.

Le grand Autel, fait à la Ramaine, est situé entre quatre colomnes de marbre soutenant un Baldachin de Sculpture en bois, piece, qui par la délicatesse de son ouvrage, & par la beauté des ornemens de cet art, mérite une attention particuliére des connoisfeurs. A chacun des quatre coins il y a un Ange, dont le premier tient l'Encensoir, le second la Navette le troisiéme les Burettes, le quatriéme le Missel.

Les Sacristies.

L'On conte six Sacristies, l'une sur la droite, les cinq autres sur la gauche du Chœur.

Le St. Sépulcre.

Il y a dessous le Chœur un caveau, où l'on expose le St. Sacrement dans la Semaine sainte ; ce lieu étant pour lors écairé de quantité de Lampes, ou y voit la montagne des Olieviers, où N. S. est repésenté priant à genoux ; l'Ange lui apparoissant sur le Rocher le calice en main., les 3. disciples endormis, le traître Judas à l'entré du Jardin avec les Juifs & les Soldats armés, pour se saisir de J. C. Matth. 26. les diverses Tours & Maisons, qui y paroissent, représentent Jérusalem : le tout étant très proprement taillé dans la pierre : ce qui eſt encore aſſez remarquable, c'eſt, que la groupe de 8. à 10. Soldats, qu'on y voit, eſt d'un bloc. Dans ce même caveau ſur la droite, au bout de l'Eſcalier, vous voyez les Fondemens, qui repoſent dans l'Eau.

Les Ornemens.

LOUIS LE GRAND, de glorieuſe mémoire, a fait à cette Egliſe, par ſa libéralité & par ſa pieté éclatante, des Préſens dignes d'un ſi grand Roi, en y donnant les précieux Ornemens, aux quels 40. perſonnes ont travaillé 3. années entieres, ſous la conduite du Sieur Lhermino, habile maître Brodeur de Paris. Ils ſont tous d'une Broderie en Boſſe, ſur Satin blanc, velours rouge & verd ; de chacune de ces 3. ſortes il y a les pieces ſuivantes, ſavoir.

2. Devants - d'Autel.
3. Chappes.
1. Chaſuble.
5. Manipules.

1. Bourſe.
1. Echarpe.
5. Dalmatiques.
3. Etoles.
2. Couſſins.

Qui ſont tous de fil d'or , à la ré-
ſerve des devants - d'autel , qui ſont de
fil d'argent.

Le grand Dais.

Piece des plus belles & des plus
précieuſes de ces ornemens ; il a 10.
pieds de France de long , ſur 7. pieds
& 3. pouces de large ; Le fond en eſt
brodé d'or ſur Satin blanc , le Tour
doublé d'un drap d'argent avec les Armes du Roi & de la Reine ſur chaque piece , & ſix aigrettes au deſſus ;
on ne s'en ſert , quæ pour la Proceſſion de le Fête-Dieu ; il eſt porté par
douze hommes.

Le petit Dais.

Le fond de celui-ci eſt de drap d'or,
le tour de velours rouge , brodé d'or
& doublé de même drap.

1. Voile de Calice de velours rouge brodé d'or & doublé de même drap.

1. Crucifix d'argent fin, haut de ſept pieds péſant 400. marcs.

6. Chandeliers d'argent fin, chacun haut de 4. pieds 8. pouces, péſant les ſix 840. marcs.

Pieces en tout 79.

LISTE.

Des Ornemens, dont le Comte de Rittberg, de pieuſe mémoire, grand Doyen de cet illuſtre Chapitre, a fait préſent à cette Egliſe.

Ornemens blancs & rouges.

De chacune de ces deux couleurs il y a

2. Devants d'autel.
2. Dalmaltiques.
3. Manipules.
1. Bourſe.
1. Chaſuble.

3. Chappes.
3. Etoles.
1. Voile de Calice.
2. Couſſins.

Les blancs font d'un drap d'or, les rouges de velours, garnis d'un galon d'or, large de 4. doigts.

Violets.

De velours, garnis d'un galon d'or large de 4. doigt.

2. Devants-d'au-   1. Bourfe.
   tel.   1. Chappe.
2. Dalmatiques.   1. Chafuble.
1. Etoile.   1. Manipule.
1. Voile de Ca-   1. Couffin.
   lice.

Noirs.

De velours, garnis d'un drap d'argent.

2. Devants-d'au-   1. Chappe.
   tel avec une   3. Manipules.
   croix de bro-   1. Voile de Ca-
   derie d'argent   lice.
   au milieu.   1. Bourfe.
2. Etoles.   1. Chafuble.
2. Couffins.

Un drap Mortuaire de velours noir
avec les Armes du Comte aux 4.
coins, brodées à fil d'argent.

1. Crucifix d'argent fin, qu'on porte
à la Proceſſion,

2. Chandeliers d'argent fin, pour ac-
compagner le Crucifix
Pieces en tout 65.

Le grand Chœur.

IL y a dans ce Chœur 3. rangs de
Staux, ſurmontés tout au tour
des Armes de Mrs. les Comtes Chanoines, les Bancs des Séminariſtes,
les petites Orgues, & les Tribunes
pour les Muſiciens, qui ſont élevées
aux deux côtés : On voit derriére
l'Autel un grand Chandelier de cuivre jaune, qui a 13. pieds 3. pouces
de hauteur, poſé ſur 3. Lions; ſa baſe
a 6½. pieds de circonférence, la
tige 1. pied 8. pouces ; il ſe dé-
monte par pieces, qui ſont au nombre de 18. St. Laurent eſt audeſſus, St.
Materne

Materne & St. Arbogafte aux deux côtés, puis deux Anges; de forte que par cette fituation ils forment une efpece de Piramide, tenant chacun un chandelier en main : à quelque diftance de là eft le Pûpître, où repofe le Graduel.

D

CHAPITRE
QUATRIEME.

La grande Chaire.

CEtte rare piece eſt de pierre, d'une Sculpture, ou plûtôt d'une Ciſelure extrémement délicate ; la beauté & la diverſité des Figures, dont elle eſt ornée, merite une attention aſſez particuliére.

L'on voit d'abord ſur le devant du corps un Crucifix, la Ste. Vierge & St. Jean aux côtés, les douze Apôtres autour, & quelques Anges avec les inſtrumens de la Paſſion de N. S. au pied les quatre Evangéliſtes, quelques Martyres & Peres de l'Egliſe. *Schad. p.* 32. *&* 33.

On y découvre encore diverſes autres Figures du côté de la montée;

Cumper et
Petrist Senat
Argentin.

Han: Braun
Argentine Sculptor

mais comme celles - ci ne paroiſſent être que des productions de certaines fantaiſies, on ſe contente de les abandonner aux curieux, qui pourront les examiner.

Les Piliers, dont elle eſt ſoûtenue, ſont au nombre de ſept, ſavoir, celui du milieu, & ſix moindres au tour.

Elle fut faite en 1485. par l'habile main de Jean Hammerer, pour lors Architecte de nôtre Edifice. L'an 1521. elle fut entourée d'un baluſtre & on mit une porte à l'Eſcalier. Le chapiteau, qui la couvre, & qui eſt un ouvrage de Sculpture en bois, eſt de Conrad Cullin & ſon Fils, tous deux maîtres Ménuiſiers : Sur le ſommet eſt repréſenté Nôtre Seigneur Réſuſcité. La piece eſt de 1617. *Schad. ibid.*

On y voit encore deux autres Chaires ; celle de bois pour la Paroiſſe dans la Chapelle de St. Martin, aujourd'hui St. Laurent, celle de Pierre à côté de la grande Sacriſtie : la Ste. Vierge, St. Laurent & d'autres Figures y ſont repréſentées. D 2

CHAPITRE
CINQUIEME.

Les grandes Orgues.

VN Gentil-homme, nommé Ulric Engelbrecht, fit dreſſer les prémiéres Orgues dans la Cathédrale en 1260. mais celles-ci aïant été fort endomagées par le feu, on en dreſſa d'autres dans la ſuite. *Königshoff. p. 215. Schilt. p. 276.*

Celles, qui y ſont aujourd'hui, furent faites & dreſſées aux dépens de la Fabrique en 1714. & achevées en 1716. elles ont 40. régiſtres ; 2240. tuyaux, dont le plus grand péſe 341. livres, il eſt haut de 28. pieds & tient

14. mefures, avec ces mots gravés deffus.

Laudate Dominum in chordis & organo. Pfal. 150.

Pofitum fuit hoc Organum anno, quo Pax & Harmonia Raftadii & Badæ in Helvetia feliciter luditur cum fuaviffimo concentu Principum Chriftianorum.

Pax datur , ingentes junxit Pax aurea mentes ,
Conjunxitque bonos mufica læta tonos.

Adminiftrabant tunc temporis Fabricam Ecclefiæ Cathedralis, Prenobiles , Clariffimi & Ampliffimi Domini.

D. Wormbfer à Vendenheim, Prætor urbis.

D. Francifcus Scherer, Conful

D. Georgius Denner , Quindecimvir. 　D 3

Oeconomiam ejufdem Fabricæ curabat
Clariffimus & Honoratiffimus vir.

D. Johannes Langhans.

Factum per Andream Silbermann 1714.

Cet ouvrage a 6. Sommiers, 3. Cla-
viers les Pédales & 6. grands Souf-
flets, dont chacun n'a qu'un pli, & 12.
pieds de long fur 6. pieds de large:
on les tire d'une maniére toute différente des autres.

L'on voit au bas de ces Orgues
Samfon monté fur un Lion, auquel
il ouvre la gueule par le mouvement
d'un fil d'archal : aux côtés deux petits
hommes, l'un tenant une trompette,
qu'il approche de fa bouche & l'en
retire par le moyen de quelques refforts, l'autre tient un rouleau pour
battre la mefure.

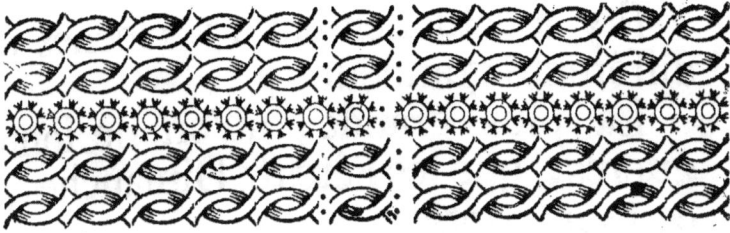

CHAPITRE
SIXIEME.

Des Cloches.

LA prémiére & la plus ancienne a été celle du St. Efprit ; elle fe fendit & fut refondue plufieurs fois. *Schilt. p.* 23.

La plus grande, qu'on y ait jamais vue, péfoit 420. quintaux *Schad. p.* 24. elle fut bénite à l'honneur de la Ste. Vierge, il falloit 16. Hommes pour la fonner : on en voit encore les deux battans à côté de la Chapelle de Ste. Cathérine vis à vis l'Horloge, dont le plus grand péfe 17. quintaux & fervoit, à ce qu'on prétend, pendant l'Eté & l'autre pendant l'Hyver.　　D 4

Il y a actuellement 13. cloches de différente grandeur.

La plus grande, qu'on ne sonne gueres, que les Fêtes & Dimanches, a cette inscription.

Anno Domini 1408. 27. *Menfis Julii fufa fum per Magiftrum Johannem de Argentina.*

Nuncio Festa, metum, Nova quædam, flebile Lethum.

Elle a 7. pieds de Diamétre & 22. de circunférence dans fon orifice.

Cloche pour l'Angelus.

Infcription.

Cette cloche fut refondue en 1687. les Directeurs de la Fabrique ètoient pour lors Mr. Philippe Louis de Kippenheim Stettmeftre. Mr. François Reifeiffen Ammeftre. Mr. Jean Pierre Storck XV. Mr. Chriftophle Güntzer Syndic Royal. Mr. Jean Fréderic Theurer Receveur.

La Gloche d'Argent.

Fut fondue par Jean Quingelberger en 1643. elle péfe 15. quintaux : on ne la fonne qu'à l'entrée & à l'iffue de la Foire de St. Jean, depuis midi jufqu'à une heure.

Infcription d'un côté.

O Rex gloriæ Chrifte, veni cum pace.

Infcription de l'autre.

Mr. Tobie Stædel êtant Ammeftre Régent.

Cloche de Midi.

Infcription.

Vox ego fum vitæ, voco vos; orate, venite. 1461.

Cloche de la Retraite.

Fondue par Céfar Bonbon & Jean Rofier.

Inscription.

Mr. Philippe Louis de Kippenheim Stettmeſtre.
Mr. François Reiſeiſſen Ammeſtre.
Mr. Joan Pierre Storck XV.
Directeurs de la Fabrique. 1692.

Les deux petites Cloches.

Qu'on a coûtume de ſonner entre 5. & 6. heures du matin & entre 2. & 3. heures du ſoir , ont la même inſcription.

Cloche du Magiſtrat.

Fondue par Thomas Joſte en 1473. on la ſonne pour aſſembler le Magiſtrat.

Cloche de l'Horloge.

Inscription.

O Rex, gloriæ Chriſte , veni cum pace. 1375. 3. *Non. Auguſti.*

Cloche de Répetition.

Inscription.

Fondue par Jean Jaques Müller à Strasbourg au Mois de Juillet 1595.

Les gardes de la Tour y répétent les heures de l'Horloge ; afin dannoncer jour & nuit leur vigilance.

Cloche des Portes.

Inscription.

1691. Les Directeurs des Bâtimens.

Mr. Philppe Conrad de Mundolsheim Stettmeftre.

Mr. Wolff Henri Zorn. XV.

Mr. Jean Philippe Schmid. XV.

Mr. Jean Balthafar Kraut. XV.

Les trois de la Tour aux Phenins.

Mr. Samuel Ruop.

Mr. Everhard Becht.

Mr. Jean George Rosenzweig.
Mr. Tobie Stædel, Vicaire.
   Les Officiers.
Mr. Philippe Ursinus.
Mr. Jean George Wetzel.
   Les Fondeurs.
Céfar Bonbon.   Jean Rosier.

Les deux petits Toc-sins

Sont sans inscription & sans date.

La Charpenterie des Cloches

Fut faite en 1521. par deux gar-
çons charpentiers, Médar de Lindau
& Jean Eckstein. L'inscription est
aux deux côtés de la grande cloche.

Die Uhr im Münster zu Straßburg

CHAPITRE

SEPTIEME.

De Horloge.

E beau chef-d'œuvre, qui
(pour me fervir des ter-
mes de l'Auteur de l'Hif-
toire d'Alface) contient
outre les ,, ornemens de
,, fculpture , de Peinture & d'Archi-
,, tecture , ce que l'Aftronomie, la
,, Méchanique , & l'Horlogerie ont
,, de plus curieux pour le cours des
,, Aftres & la mefure des tems dans
,, toutes les Saifon ,, eft fitué fur la
droite du Chœur : le deffein en fut
entrepris en 1570. par le celebre Ma-
thematicien Conrad Dafypodius :
Schad. p. 38. *& feqq.* Hift. d'Alface
Tom. I. part. 11. *p.* 255.

Elle eft d'abord entourée d'un ba-
luftre & divifée en 3. étages.

Au pied il y a un Globe Aftrono-
mique porté fur le dos d'un Pélican;
il a trois pieds de diamétre & 100.
livres péfant : La compofition en
eft de maftic, de craie & de papier,
pour le garantir des vers. L'on y a
peint les 48. Conftellations, & par le
moyen des refforts, qui font cachés
dans le Pélican, le Soleil, la Lune &
les Etoiles font leur révolution Aftro-
nomique.

Vis à vis de ce Globe l'on voit 3.
Roues, dont la plus grande fert de
Calendrier, Appollon & Diane aux
deux côtés montrant les jours & les
nuits ; Cette roue fait fon tour à
droite une fois par an. Celle du milieu indique l'année courante, le Nombre d'or, la Lettre Dominicale, les Fêtes mobiles & l'année Biffextile : elle
ne fait qu'un tour dans 100. ans.

La trroifiéme, qui eft la plus petite,
eft immobile ; elle contient la Carte
d'Allemagne, le Plan de Strasbourg,
de même que les noms de ceux, qui
ont fait l'Horloge. Aux 4. coins de
ces roues font dépeintes les 4. Monar-

chies du monde : Aux deux côtés font
repréfentées fur deux grandes Tables
les Eclipfes du Soleil & de la Lune
depuis 1575. jufqu'à 1605.

Immédiatement au deffus font repréfentées les fept Planettes, affifes
chacune dans un Char, trainé par les
animaux, qui leur font confacrés ; elles
paroiffent tour à tour, aux jours, qui
leur font affectés. Les noms des jours
font écrits fur les roues favoir.

Dimanche.	Apol. ou le Soleil.	*dies Sol.*
Lundi.	la Lune.	*dies Lunæ.*
Mardi.	Mars.	*dies Martis.*
Mecredi.	Mercure.	*dies Mercurii.*
Jeudi.	Jupiter.	*dies Jovis.*
Vendredi.	Venus.	*dies Veneris.*
Samedi.	Saturne.	*dies Sabbati.*

Un peu plus haut on voit le quadran, qui marque les minutes & les
quarts d'heures avec deux Anges affis
aux côtés, dont l'un conte les heures
levant à chaque coup un Sceptre, qu'il
tient à la main ; l'autre, l'heure étant
fonnée tourne fon Sablier.

Au fecond étage l'on voit un grand

Aftrolabe, fur le quel tournent plufieurs éguilles , dont la plus grande ,
qui fait font tour toutes les 24. heures
marque les heures ; & les autres le
mouvement des Planettes dans le Zodiaque : au centre eft repréfenté le
Globe terreftre ; aux quatre coins font
dépeintes les 4. Saifons : deux lions
aux côtés tenant les Armes de la Ville
& ceux de Mrs. les directeurs de la fabrique fervant à même tems d'ornement.

Audeffus de l'Aftrolabe on voit un
petit quadran , qui marque le cours
& les quantiémes de la Lune.

Au troifiéme étage font les Cym-
bales, qui fonnent les quarts d'heures
frappés par 4. Jaquemards repréfentant
les 4. âges de l'homme : plus haut vous
voyez la clochette, qui fonne les heures. J. C. êtant d'un côté , la Mort de
l'autre, qui à chaque quart s'approchant
pour frapper l'heure eft repouffée par
J. C. l'heure cependant êtant venue
elle s'avance pour la fonner & J. C. fe
retire.

Il y a encore audedans plufieurs clo-
chettes, qui par leur fon harmonieux
font

font un agréable carrillon.

La Tourelle, qui eft fur la gauche, renferme les poids de l'Horloge, les peintures, dont elle eft ornée, font de Tobie Stimmer. Il y a un Coq au-deffus, qui, après le carrillon, commence à battre des ailes & à chanter deux fois. Un peu plus bas, on voit Uranie repréfentant les Mathématiques; audeffous un Coloffe avec les 4. Empires, dont il eft parlé au Chap. 7. de Daniel; Ceci eft fuivi du véritable Portrait de ce célébre Mathématicien Nicolas Copernic, qui fut envoyé de Dantzig à Dafypodius Mathématicien de Strasbourg: fur la gauche font les trois Parques; Lachéfis tenant la quenouille, Clotho filant, & Atropos coupant le fil de la vie.

L'Efcalier, par le quel onmonte à l'Horloge, eft fur la droite. Voyez l'Eftampe H. où cette Machine eft repréfentée.

Le deffein de l'Horloge a été exécuté par trois habiles Maîtres, favoir, commencé par Ifaac Habrecht, conti-

E

nué par fon Fils Abraham & achevé
en 1574. par fon petit Fils Ifaac Habrecht, avant la correction du vieux
Stile, arrivée en 1582. par ordre du
Pape Gregoire XIII.

En 1669. cette Horloge fut renou-
vellé & ornée de plufieurs Peintures
& Sentences.

En 1732. Jaques Straubhaar Hor-
loger de la Cathédrale reçut ordre
de Meffieurs les Directeurs de la Fabrique, de renouveller & de nettoyer
cet ouvrage, ce qu'il exécuta avec
beaucoup d'exactitude en y remettant
plufieurs nouvelles roues, une pen-
dule & autres reparations néceffaires.

L'ancienne Horloge ètoit autrefois
vis à vis de celle-ci; on en voit encore
quelques reftes de pierres dans la
muraille.

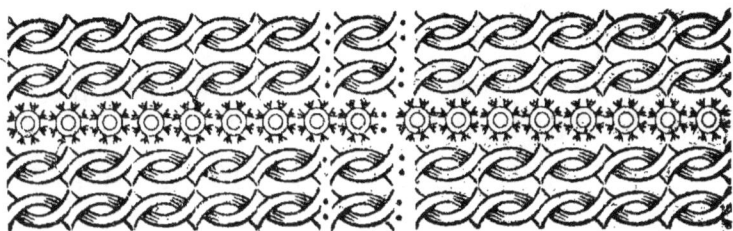

CHAPITRE

HUITIEME.

Les Vitrages Peints.

LEs Fenêtres fur la droite nous repréſentent les principaux Myſtéres de la Religion Chrêtienne, de même, que les Miracles de Jeſus Chriſt.

Celles dans la Galerie d'enhaut de la Nef contiennent les 74. Ancêtres de Jeſus Chriſt. Luc. 3.

Audeſſus de cette Galerie ſont dépeints des Martirs & des Vierges.

Dans la Fenêtre audeſſus de la Sacriſtie on voit la figure de St. Chriſtophle, qui eſt extrémement grande.

Dans la Chapelle de Ste. Cathérine font les douze Apôtres, Ste. Marthe & Ste. Madeleine. Luc. 10.

Depuis cette Chapelle jufqu'au Portail d'embas on conte 6. Fenêtres, qui ont chacune 16. panneaux.

La premiére repréfente.

1. Ste. Anne.
2. L'Apparition de l'Ange à St. Joachim.
3. La Défponfation des Sts. Joachim & Anne.
4. La Nativité de la Vierge Marie.
5. La Préfentation de Marie.
6. La Généalogie de Marie. Ifai. 11.
7. Les Jeunes hommes de la Maifon de David avec les Verges.
8. La Defponfation de Marie avec Jofeph.
9. L'Annonciation. Luc. 1.
10. La Nativité de J. C. Luc. 2.
11. L'Arrivée des Bergers. Luc. 2.
12. L'Adoration des Mages. Matth. 2.
13. La Préfentation de J. C. au Temple Luc. 2.

14. Le Massacre des Innocens. Matt. 2.
15. La Fuite en Egypte. Matth. 2.
16. Jesus Christ enseigne dans le Temple Luc. 2.

La Seconde.

1. Les Juifs présentent la Femme adultére. Johan. 8.
2. Jesus Christ Résuscite Lazare. Johan. 11.
3. Caïphe prédit la mort de Jesus Christ. Johan. 18.
4. Zachée monte sur un Sycomore proche de Jéricho. Luc. 19.
5. La Samaritaine parle à J. C. près du Puits. Johan. 4.
6. Ste. Madeleine lave les pieds à J.C. chez le Pharisien. Luc. 7.
7. Jesus Christ dort dans la barque, durant la tempête. Matth. 8.
8. La Transfiguration sur le Mont. Thabor. Matth. 17.
9. La guérison du Paralitique. Mat. 9.
10. La Fille du Prince de la Synagogue résuscitée par J. C. *ibid.*

11. Jefus Chrift nourrit 5000. hommes. Matth. 14.

12. J. C. chaffe les Démons, qui entrent dans un troupeau de 2000. pourceaux. Marc. 5.

13. La guérifon du Lépreux. Mat. 8.

14. J. C. tenté par le Satan. Luc. 4.

15. Les Nôces de Cana en Galilée. Johan. 2.

16. J. C. prêche au Peuple. Marc. 4.

La Troifiéme.

1. L'Entrée de J. C. dans Jérufalem. Luc. 19.

2. La Ste. Céne. Luc. 22.

3. J. C. lave les pieds à fes Difciples. Johan. 13.

4. L'Ange préfente le Calice à J. C. fur la montagne des Oliviers. Luc. 22.

5. Le Baifer Judas. *ibid.*

9. J. C. méné chez Anne. Johan. 18.

7. J. C. conduit chez Caïphe. *ibid.*

8. J. C. Flagellé. Matth. 27.

9. J. C. Couronné d'épines. *ibid.*

10. J. C. outragé Marc. 14.
11. J. C. porte fa Croix. Johan. 19.
12. Les deux Larrons. Luc. 23.
13. Le bon Larron. *ibid.*
14. J. C. attaché à la Croix. Mat. 27.
15. Le mauvais Larron. Luc. 23.
16. La Sépulture de J. C. Matth. 27.

La Quatriéme.

1. J. C. defcend aux Lymbes, pour en délivrer les ames des Juftes, qui attendoient fa Venue. Eph. 4.
2. Les Lymbes. *ibid.*
3. La Réfurrection de J. C. Matth. 28.
4. L'Ange affis fur la Pierre du Sépulcre. *ibid.*
5. Jef. Chr. apparoît à Ste. Madeleine. Marc. 16.
6. Les Anges apparroiffent aux Saintes Femmes. Luc. 24.
7. J. C. allant à Emaüs avec les deux Difciples. *ibid.*
8. Jefus Chr. apparoît à fes Difciples. Marc. 16.
9. Thomas met fon doigt dans les

Playes de Jefus Chrift. Johan. 20.
10. J. C. apparoît la feconde fois à fes
Difciples. *ibid.*
11. Les Difciples jettent les Fillets au
Nom de J. C. Luc. 5.
12. J. C. apparoît à fes Difciples, tan-
dis qu'ils dinent. *ibid.*
13. L'Afcenfion. Luc. 24.
14. Les Apoftres voient J. C. monter
au Ciel. Act. 1.
15. Ils attendent le St. Efprit *ibid.*
16. Le St. Efprit defcend fur eux. Act. 2.

Au deffous de ces Fenêtres il y a
ces mots.

1. *Ave Maria gratia plena.*
2. Ce ci repréfente les Souffrances de
J. C. qui nous a délivré de la
mort éternelle.
3. Dieu rompt les Portes de l'Enfer.

La Cinquiéme.

Repréfente le dernier Jugement.

Au haut J. C. comme Juge affis fur
un Arc-en-Ciel. Matth. 25, les Elus à

ſa droite ; la gueule de l'Enfer & les Reprouvés à ſa gauche.

La Sixiéme.

Contient la Céleſte Jéruſalem. Jeſus Chriſt aſſis dans ſa Gloire, les Saints autour de lui.

Jeſus Chriſt dans la perſonne d'un pauvre, repéſentant les œuvres de Miſéricorde. Matth. 25.

J'ai eu faim, & vous m'avez donné à manger.

J'ai eu ſoif, & vous m'avez donné à boire.

J'ai été nu, & vous m'avez revêtu.

J'ai eu beſoin de logement, & vous m'avez logé.

J'ai été malade, & vous m'avez viſité.

L'on voit dans les Fenêtres, ſur la gauche audeſſus de la Sacriſtie les Images de J. C. & de St. Laurent.

Dans celle d'à côté, la Ste. Vierge & St. Jean.

A l'entrée de la Chapelle de Saint Laurent audeſſus de la Porte J. C. & Marie.

Depuis cette Chapelle juſqu'à la Porte, on conte ſix Fenêtres, dont la prémiére contient.

1. La Nativité de J. C. & ces mots :

Gloria in excelſis Deo.

2 3 4	Les Rois.	Melchior. Balthaſar. Caſpar.	Matth. 2.	Jérémie. Iſaïe. Ezéchiel. Daniel.

Dans les cinq autres ſont les figures ſuivantes, ſavoir.

Dans la Seconde.

Fridericus, Rex Henricus.
Henricus Rex, Philippus.

Dans la Troiſiéme.

Ludovicus Rex, filius Caroli.
Pipinus, Pater Caroli.
Carolus Magnus, Rex.

Dans la Laquatriéme.

Carolus Rex Junior.
Lotharius Romanorum Imperator.
Ludovicus filius Lotharii.
Ludovicus filius Lotharii.

Dans la Cinqieme.

Henricus Babinbergenfis.
Fridericus Rex. Henricus Rex.

Toutes ces figures font repréfentées d'après nature.

La derniére contient les traits fuivans de l'Ancien Teftament. Gen. 1.

1. La création du Monde.
2. La création d'Adam & d'Eve.
3. Eve mange du fuit défendu Gen. 3.
4. Adam & Eve chaffés du Paradis. *ibid.*
5. Le Parricide de Caïn & fa fuite. Genef. 4.
6. Noë travaille à l'Arche. Gen. 6.
7. L'Arche portée fur l'Eau. Gen. 7.

La Rose, dont il a été fait mention *page* 17. a dans sa circonférence extérieure 150. $\frac{6}{7}$. pieds , & 48. de diaméttre, la circonférence intérieure en a 135. $\frac{1}{7}$. & 43. de diamétre. Pour les connoisseurs c'est un morceau digne d'admiration que cette Rose.

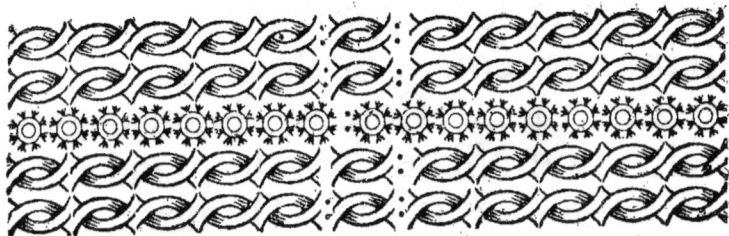

CHAPITRE

NEUVIEME.

Des diverses Figures & Statues.

Dans l'ancien Temple Païen il y avoit entre autres Statues celle d'Hercule ou Krutz-mann, dont on a déja parlé au commencement. Strasbourg aïant embrassé le Christianisme, ces Idolcs en furent exterminées, aux quelles on substitua des Statues & Images Chrêtiennes, qui fervoient à entretenir la dévotion des Fidels.

L'an 1365. un Gentil-homme de Prague fit présent à la Cathedrale d'une Statue de Vierge douloureufe, dont il fut lui même le Sculpteur.

En 1404. Conrad Franckenberg tailla une Niche dans le grand Pilier audeffous des grandes Orgues, pour y placer cette Statue, dont les frais fe montérent à 240. liv. *Schilt. p. 566.*

L'an 1523. on ôta cette Image, & la Niche fut fermée d'une pierre; à la place des Rimes, qu'il y avoit à l'honneur de la St. Vierge, on mit ce paffage, *Deum tuum adorabis & illi foli Servies, Luc. 4.* La Pierre, où ces mots étoient gravés, a été égarée, lorfqu'avant quelques années on r'ouvrit la Niche, qu'on a refermée depuis : au deffous on lit ces paroles taillées dans une pierre.

Maria, Mater gratiæ,
Mater mifericordiæ,
Tu nos ab hofte protege,
In hora mortis fufcipe.

Gloria tibi Domine, qui natus es de Virgine, cum Patre & fanĉto Spiritu in fempiterna fecula. Amen.
Johannes ger. Ap.

Au dehors de la Chapelle de Sainte Cathérine on voit 5. Statues de pierre, qui font celles de Ste. Cathérine, St. Florent, St. Paul, Ste. Elifabeth & St. Jean.

Il fe confervoit autre - fois dans la Cathédrale une Statue de St. Chrifto-phle, haute de 36. pieds, la quelle aïant été ôtée avec plufieurs autres, fut tranfportée à l'Hopital allemand. *Schad. p.* 37.

Il fe trouve fur les divers Autels & dans les Chapelles de la Cathédrale plufieurs Images, favoir, de N. Seig-neur, de fa Bien-heureufe Mere, des Sts. Evêques, Patrons d'Eglifes, & d'autres Sts. Martirs & Vierges.

On voit encore fur les Galeries & autres endroits diverfes Statues des Saints.

Hors de l'Eglife audeffus de la Rofe, il y a N. Seig. plus bas la Ste. Vierge & les douze Apôtres aux côtes.

On remarque de plus aux 5. Por-tails quantité de Figures, dont il a été parlé en fon lieu.

Audeſſus des trois Portails on voit
ſur des Pilaſtres les Statues Equeſtres
des Rois , Clovis , Dagobert , & Ru-
dolphe de Habsbourg , la Couronne en
tête & le Sceptre en main , à la re-
ſerve de Clovis , qui n'a que la Couronne : on les y dreſſa en 1291. en
mémoire des Bienfaits inſignes , que
tout le Pays reçut d'Eux. ChaqueStatue
eſt d'un Bloc. Voyez fig. I.

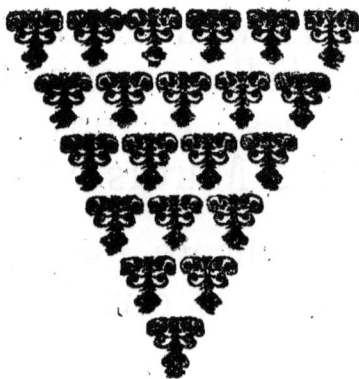

I

CLODOVÆVS

DAGOBERT. MAG.

RVDOLDHAPSBR ROMA

CHAPITRE
DIXIEME.

De quelques Particularités
remarquables audedans
de la Cathédrale.

Les Fonts Baptismaux.

Ette piece, qui eſt de
1453. eſt ſituée ſur la
gauche du Chœur à côté
de la Sacriſtie, elle con-
ſiſte en deux parties,
dans la ſupérieure il y a un Baſſin de
cuivre; l'inférieure eſt d'un Bloc.
L'Architecte Joſte de Wormbs, qui en
a été l'Ouvrier, y a fait paroître beaucoup d'Art. *Schad. p. 36.*

F

Le Puits.

Dans le Collatéral droit on voit le Puits, dont la Source servoit autrefois aux Païens, pour laver les Sacrifices, qu'ils offroient à leurs Idoles : il a trente quatre pieds de profondeur. *Schad. p. 35.* St. Remi Evêque de Strasbourg mort en 803. le bénit, à dessein d'en employer l'eau à l'usage du Baptéme; à quoi les Curés de la Ville & des Environs s'en sont servi pendant plus de 600. ans.

Au dehors de la Chapelle de Sainte Cathérine il y a contre la muraille un bout d'Arc, qui paroît droit, quand on le regarde de front, & panché, quand on le regarde de côté.

Le Pilier, qui est près de l'Horloge, & qui soutient toute la voute, mérite une attention singuliére : au bas de ce pilier, à dix ou douze pieds de hauteur, sont les 4. Evangélistes au tour. *Ezech.* I.

Au milieu 4. Anges avec des Trompettes : plus haut 4. autres, dont l'un

tient une Croix & l'autre une Couronne. *Apocal.* 7.

Au pied on voit à un coin vis à vis
le Chœur la plus petite pierre de tout
l'Edifice.

Il y a à côté de l'Horloge audeſſus
de la porte de la Sacriſtie une petite
Galerie, au coin de la quelle on voit
une ſtatue d'homme en Buſte, qui paroît examiner le pilier, dont on vient
de parler, pour voir, s'il eſt droit, &
s'il feroit aſſez fort, pour foûtenir tout
le fardeau, dont il eſt chargé.

Vis à vis de ce Pilier il ſe voit à la
muraille de la Chapelle de Ste. Cathérine un tour de cercle, qui marque la
circonférence d'une Cloche, dont le
Diamétre eſt de 9. pieds 11. pouces.
Audeſſus de ce cercle on peut remarquer une eſpece de colomne entre
deux moindres, qui n'étant d'ailleurs
d'aucune utilité pour foûtenir, on n'a
pû découvrir, à quelle fin elle pour-
roit y être.

La Corne, qui eſt fufpendue au
Pilier dans l'ancienne Chapelle de

St. Laurent, n'eſt point, (comme le prétendent quelques - uns) la Serre d'un Griffon, mais une Corne de Buffle; elle a 6. pieds 4. pouces de long , & 4. pouces d'épaiſſeur au gros bout, ce n'a été, que pour ſa grandeur extraordinaire, qu'on l'y a ſuſpendue.

A quelques pas de ce pilier il y a un endroit marqué de cloux ſur le pavé, d'où l'on peut voir la Boule de la Tour, & prendre ſa hauteur par le trou d'une Fenêtre.

Au deſſus de la porte de la grande Sacriſtie, ſont écrits les 10. Commandemens de Dieu en lettres d'or.

Au bas de l'Egliſe, près du Portail ſur la gauche, eſt la pierre, qui a le grain le plus tendre de tout l'Edifice; elle eſt pratiquée dans la muraille au deſſous de la derniére croiſée.

Au bout du Collatéral droit, il y a une petite loge à la hauteur d'un étage, dans la quelle le garde ou valet de la Cathédrale eſt obligé de coucher la nuit, pour veiller aux acci-

dens, qui pourroient arriver dans l'E-
glife.

Vis à vis de cette loge, on voit au
Chapiteau du grand Pilier un petit
homme à cheval, taillé dans la Pierre
qui (à ce qu'on dit) repréfente un
Meûnier, qui a amené la prémiére
pierre pour cet Edifice.

CHAPITRE

ONZIEME.

Diverses particularités , qui se trouvent au dehors de la Tour & de l'Eglise.

DEssus la Platte - forme il y a un petit logement pour les gardes, qui sont à deux de jour & à quatre de nuit , faisant à chaque quart d'heure la Ronde , pour veiller aux Incendies. A huit heures du soir & à minuit , on sonne d'un Cor , (qu'on appelle Kräusel-horn) en mémoire de ce , qu'en 1349. les Juifs voulurent par le son de ce Cor trahir la Ville: la même année à l'occafion d'une grande mortalité, ils furent accufés, d'avoir empoifonné les Puits; pour cette raifon il y en eut 200. de brûlés à Strasbourg; ce qui a fait donner le nom de Brand-gaff à la Rue, où fe fit cette Exécution.

Le Dôme du Chœur eft environné en dehors d'une galerie, & de huit Fronteaux triangulaires, c'eft ce qu'on appelle la Mitre. Au milieu s'eléve une petite Flèche, fur la quelle on voit l'Image de la Vierge.

En 1732. on fit faire un Porte-voix à l'ufage des gardes fur la Tour, afin qu'en cas d'incendie ils puiffent avertir Meffieurs les Directeurs, & leur annoncer le quartier, où le feu a pris.

Sur la Platte-forme du côté du Palais Epifcopal il y a une Roue avec une corde & un pannier, qui y eft attaché, par où les Gardes guindent leur nourriture, & autres chofes néceffaires.

Audeffus de la prémiére galerie vis à vis de la Fabrique eft repréfenté le Sabbath, taillé dans la Corniche, où les

Démons & les Efprits infernaux font
la Mufique de divers inftrumens, d'autres, fous des figures affreufes ménent
les Sorcieres en Enfer.

Sur la gauche vis à vis du Magafin
à Sel, audeffous de la prémiére galerie
fe trouvent plufieurs Traits d'Hiftoire
repréfentés par diverfes Statues & Figures de pierre.

1. On y voit une Licorne s'élevant
contre un homme & fe mettant
en devoir de le percer de fa corne.
Pfalm. 21.

2. Un Aigle, qui préfente fes aiglons
aux rayons du Soleil, pour les
mettre à l'épreuve. *Deut.* 32.
v. 11.

3. Le Sacrifice d'Abraham. *Gen.* 22.
4. Le Pélican, qui fait couler fon fang
de fa poitrine, pour nourrir fes
petits.
5 Moïfe érige le Serpent d'Airain.
Num. 21. *v.* 9.
6. Jonas jetté au bord par la Baleine.
Jon. 2.

K

Krutzmanna.

7. Les Ours déchirent les Enfans , qui se moquent du Prophete Elisée sur la Montagne. 4. *Reg.* 2. *v.* 24.

8. Daniel dans la Fosse aux Lions. *Dan.* 6. *v.* 6.

Plus bas auprès de cette galerie est entre autres Statues celle de *Krutzmann* représentée à la lettre K.

Sur la Platte-forme vis à vis de la loge des gardes on découvre l'Image de Ste. Cathérine & celle de St. Laurent à côté , avec leurs Instrumens de Martyre.

Au même endroit, vis à vis du Basfin on voit à la Tour la Statue d'Ervin de Steinbach , prémier Architecte de cet Edifice , une autre figure à côté , levant la tête , pour considérer la hauteur de la seconde Tour, qui devoit étre élevée vis à vis de celle-ci.

Un peu plus bas , on lit une inscription, qui y fut mise à l'occasion du tremblement de terre, arrivé en 1728.

Terræ motus, qui die 3. menfis Augufti anno 1728. Summum Templum cum Civitate nec non vicinis longè latéque Provinciis concuffum fuit, maximâ vi ftupendum ad modum aquas ad dimidiam viri ftaturam evectas ex hoc receptaculo in fubjectam aream 18. usque pedes ejecit.

Il fe trouve outre ces figures, dont on vient de parler encore quantité d'autres à cet Edifice, que nous pafferons fous filence, pour abréger.

On pourra néanmoins remarquer, que toutes les Gouttiéres, de même que les Pilaftres & Contre - forts, les Galeries & les Portes font ornés de diverfes figures & têtes d'animaux avec bon nômbre d'autres bizarreries & pieces faites à plaifir, qui pourront en donner, à qui voudra prendre la peine, de les découvrir & de les examiner.

Sur la galerie au deffus du Chœur fe voit cette infcription en Allemand.

Le 17. Octobre de l'année 1678. à dix heures & demie avant midi, les François tirérent du Fort du Péage, proche du Rhin, un boulet de Canon de 6. livres péfant, qui portant à cet endroit marqué d'un cercle noir & forcé par la réfiftance rejaillit à 61. pas; il fut porté enfuite par l'Architecte Heckler chez Dominique Dietrich pour lors Ammeftre Régent; de là à la Chambre des Treize. Dieu veuille dans la fuite préferver l'Eglife & la Ville d'autres malheurs.

Au dehors de la Tour, fur la prémiére galerie fe trouvent les mots fuivans.

IHS Chriftus Verbum caro factum eft.

IHS Chriftus & habitavit in nobis.

IHS Chriftus & vidimus gloriam ejus.

IHS Chriftus, gloriam quafi unigeniti à Patre.

Dans la partie d'enhaut de la Flèche on lit cette infcription en Allemand.

Dieu me préferve deformais de
Tonnere , de Grêle & d'Orage 1568.

Au bas de la Flèche entre les 4.
Efcaliers font ces infcriptions de la
Grace , du Regne de J. C. & du
Couronnement de Marie fa Mere.

A l'Orient.

Chriftus nos revocat , Chriftus Gratis donat.

Au Midi.

Chriftus femper regnat ,
Chriftus imperat.

Au Couchant.

Chriftus & fuperat , Chriftus
Rex triumphat.

Au Septentrion.

Maria glorificat , Chriftus co-
ronat.

Audeſſus de ce-ci , on trouve en
dedans des 8. Eſcaliers cette inſcription en Allemand.

En 1654. *au Mois de Juin, un coup*
de Tonnerre m'endommagea conſidérable-
ment.

Sous le Toit de plomb , du côté du
Palais Epiſcopal, où l'on faiſoit autrefois les Deſſeins , il ſe trouve quantité
de modéles de colomnes & figures de
la Cathédrale , pluſieurs belles colomnes meme s'y conſervent encore.

Il y a ſous le grand Toit , de même
que ſous la Platte - forme des Grues,
dont on ſe ſert , pour monter les cloches & les matériaux néceſſaires pour
les réparations.

En 1732. on fit faire une corde neu-
ve pour les Grues de la Cathédrale ; cette corde a 140. toiſes de long & péſe
802. livres.

On doit encore obſerver pluſieurs
baſſins de pierre , tant en divers endroits de la Tour, que ſous le Toit,
pour y amaſſer l'eau de pluye & s'en
ſervir en cas d'incendie : on y conſer

ve auſſi des ſeaux à feu dans des Armoires.

Tout au haut de la Tour, un peu audeſſous de la Boule il y a une groſſe clef pendue à un anneau ; on n'a pu découvrir pourquoi, ni à quel uſage.

Les Priviléges de l'Attelier des tailleurs de pierres (dit Steinhütt) attenant à l'Egliſe du côté du Fron-hoff érigé autrefois & deſtiné à l'entretien de la Cathédrale & de la Tour, de même, que pour le bien & l'avancement de l'Architecture, furent confirmés de nouveau par l'Empereur Ferdinand en 1563. il appartient à la Cathédrale. *Schad. p.* 274.

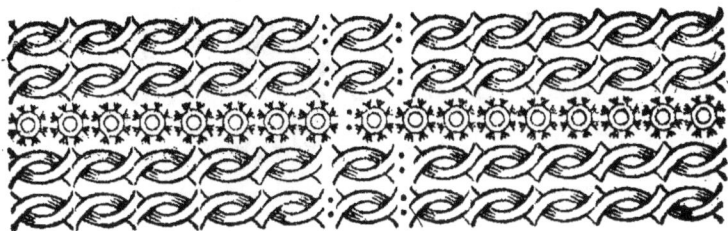

CHAPITRE

DOUZIEME.

Des Epitaphes.

IL faut d'abord remarquer ici, que les Epitaphes ne font point placées dans l'ordre & felon les années, mais on a eu foin, de les mettre felon leur fituation dans l'Eglife, dans les Sacrifties & les Chapelles, pour faciliter au Lecteur curieux la peine de les trouver.

Au prémier pilier fur la droito de la Nef, eft gravée fur un très beau Marbre l'Epitaphe du Sereniffime Prince de Turenne, qui époufa en 1723. le 20. Sept. Marie Charlotte Sobieska,

Petite Fille de Jean, Roi de Pologne.
Ce Prince mourut le 1. Octob. de la
même année : elle est conçue en ces
termes.

Hîc jacet.

FRidericus Mauritius Casimirus
Princeps Turennius, Emanuelis
Thedosii à Turre Arverniæ Dei
gratiâ Ducis Boullionii Magni
Franciæ Cambellani Filius Natu-
ralis major, Paternoque Muneri
Successor designatus, qui ductâ u-
xore MariâCarolâSobieska Johannis Poloniæ Regis Nepte morbo
repentino correptus obiit & in-
gens sui desiderium reliquit Ar-
gentorati Kal. Octobris 1723.
decima secunda conjugii die
anno ætatis vigesimo primo. Sex
post obitum mensibus concessa
à summo Pontifice licentiâ So-
bieskam defuncti uxorem accepit
Carolus Godefr. Dux Boullionius
ut omnium Titulorum Hæres
dilectissimo Fratri resuscitaret se-
-men

IOHANNES GEILERVS Cæsaris-Bergius
Theologus
obijt Argent Anno 1510.

men & hoc amoris dolorifque Mo-
nimentum.

P. C.

Raptus ne quondam mutet fallacia men-
tem,
Aſt ſi viciſſes fata, Turrennus eras.

Epitaphe de Jean Geiler.

Au gros pilier ſur la droite du Chœur,
vis à vis de la Chapelle de Ste. Cathérine,
eſt l'Epitaphe de Jean Geiler, qui a été
l'eſpace de 30. ans Prédicateur ordinai-
re de cette Cathédrale, il mourut en 1510.
le 10. Mars, âgé de 76. ans & fut en-
terré ici.

JOhanni Geiler Keiſersbergio, Theo-
logo integerrimo, qui annos ſupra
30. Chriſti Legem Argentinenſi-
bus Exemplo & Sermone conſtan-
tiſſime patefecit, ut immortalis
ſit ejus pro maximis ſuis meritis
Memoria, hujus loci Commendator & Fratres hoc Saxum ſummo
cum favore poſuêre. Obiit 10.
Martii anno Domini. 1510.

G

Au même Pilier, un peu à côté, il y a ces deux Diftiques.

Epitaphii Translatio.

Quem meritò defles urbs Argentina, Jo-
hannes
Geiler , monte quidem Cæfaris
ègenitus.
Sede fub hac recubat , quam rexit Præco
Tonantis,
Per fex Luftra docens verba falutifera.

Cette feconde Epitaphe fut dreffée ici à fon honneur, lorfqu'en 1633. la prémiére fut tranfportée de l'Eglife de Meffieurs de St. Jean de Malthe au Grünen-wörth, pour être placée en cet endroit.

On n'a pu fe difpenfer de joindre à ceci le Portrait, pour honorer davantage la Mémoire de ce fameux Geiler, (furnommé Keifersberg) Homme d'un mérite diftingué, dont nos Hiftoires parlent avec tant d'Eloge, & qui eft fi refpecté dans la Poftérité par fon zéle infatigable pour les Interêts de Dieu.

par fon application affidue pour le bon
ordre & la régularité des Mœurs, par
fon Eloquence & le rare talent, qu'il
poffédoit pour la Prédication; témoins
les Ouvrages, que nous tenons de lui,
& qui font pleins de ferveur pour le fer-
vice de Dieu & pour la Religion.

Les Epitaphes fuivantes font dans la
Chapelle de St. André à eôté de
l'Horloge : cette Chapelle fert aujourd'hui de Sacriftie aux R. R. P. P.
Jéfuites.

Epitaphe du Comte de Rittberg Chanoine & Grand- Doyen de l'Illuftre Chapitre de la Cathédrale. Sa Statue eft de marbre en Bufte, aïant à chaque côté un Enfant, qui pleure.

FRancifco Adolpho Frifiæ Orientalis
& Rittbergæ Comiti Metropolitanæ Colonienfis, Cathedralis Argentinenfis Eccleſiarum Reſp. Decano & Scholaftico, anno falutis
M. DC. LXXXX. die XV. Martii
piè in Domino mortuo & in hac
Capella fepulto hoc monumen-

tum poni curavit Illuftriffimus &
Reverendiffimus D. Ludovicus de
Gouy de Cartigny Epifcopatus Ar-
gentinenfis Vicarius Generalis
Executor Teftamentarius.

Autre de deux Comtes de Barby.

Reverendis & Illuftribus Dominis
Dominis Hopero hujus Ædis Decan.
& Can. Melchiorique Canonico, Co-
mitibus in Barby hic fepultis Requiem
optemus.

EPITAPHE.

*Du Comte de Bade Cuftos du Grand
Chapitre.*

Marchio qui fueram de Baden Ædis
    & hujus
Cuftos, vermiculis fum datus efca
    levis.
Qui legis hæc, difcas Parcarum ftamina
    nullis,
Nam mors quæque rapit, parcere
    Stemmatibus.

Difticon.

Si Domus aut pietas inopum fi cura
  beârint
Quemquam, cum fuperis Carole
  Nectar habes.

Autre en ces Termes.

D. O. M.

Sta viator.

Si roges, quis fim ? pulvis & umbra:
generofa Baronum Familia ortus,
cum quo vel ejus gentis Nomen
& arma intercidére.
Sacerdos Curienfis Ecclefiæ Præpofitus
ejusdem & hujus jufte Canonicus.
quo migraverim ? quo fata volunt.
Tu Paradifiacam defuncto expofce
quietem.
  Vixi annis LVI. Menf. IV. dieb. II.
    Obii anno Salutis humanæ
  M. D. XII. die X. Menf. Octobr.

G 3

*Au dehors de la Chapelle de Ste. Cathé-
rine on voit à la muraille fur la gauche celle - ci.*

Anno Domini M. CCC. XXIX. con-
ftructum eft & dotatum hoc Altare per
Conradum dictum Gürteler, civem Ar-
gentinenfem & confecratumAnno prædicto VII. Kalend. April. in honorem
omnium Sanctorum.

A la muraille proche du Puits.

Anno Domini M. CCC. XII. XVII.
Kal. Decembris obiit Johannes Mofüng, fundator hujus Altaris confe-
crati in honorem Sancti Jahannis
Baptiftæ.

A côté de celle - ci.

Anno Domini M. CCC. XXXI. con-
ftructum eft & dotatum hoc Altare
per Paulum dictum Mofüng civem

Argentinenſem & conſecratum prædicto anno IV. Non. Martii in honorem Beatorum Apoſtolorum Petri & Pauli & omnium Innocentium.

Dans la Chapelle de Ste. Cathérine on voit l'Epitaphe de l'Evêque Berthold II. en lettres de cuivre d'oré, compriſe en ces termes.

Anno Domini M. CCC. LIII. in die Beatæ Catharinæ Virginis in hac Capella per ſe in honorem ejusdem Virginis conſtructa ſepultus eſt Venerabilis Bertholdus de Buecheke natus Langravii in Burgunden, hujus Eccleſiæ Epiſcopus, qui Eccleſiam hanc XXV. annis ſapienter rexit. Orate pro eo.

Cet Evêque fit lui même bâtir cette Chapelle. Le jour de Ste. Cathérine fut celui de ſa Naiſſance, de ſon Election à l'Epiſcopat, & de ſa mort : deux

cens ans après son décés, son Tombeau
aïant été ouvert, il fut trouvé sans
corruption, témoin l'Acte passé sous le
22. Mars de l'année 1547. par ordre
du Magistrat : Cette Piece est encore
conservée dans les Archives de Strasbourg : en voici la Copie.

,, L 'Architecte Daniel Specklin reçut
,,   ordre du Receveur de la Fabri-
,, que, de faire des réparations dans
,, la Chapelle de Sainte Cathérine.
,, L'Architecte fit ouvrir le Tom-
,, beau de l'Evêque Berthold ; ce mo-
,, nument avoit cinq pieds de profon-
,, deur en terre, & prominoit de trois
,, pieds. On y trouva le corps de cet
,, Evêque tout entier ; c'étoit un bel
,, homme, dit le Manuscrit, d'un port
,, Majestueux ; sa tête reposoit sur un
,, riche coussin ; son visage, sa bouche
,, & son nez étoient d'une couleur
,, blanche & nullement altérés ; les
,, paupieres de ses yeux paroissoient
,, un peu noirâtres ; il avoit en tête
,, une Mitre brodée en or & ne argent ;
,, ses habits Pontificaux étoient d'une

„ étoffe verte parfemée de fleurs d'or ;
„ il tenoit uné Croffe dórée dans fon
„ bras droit , & dans le gauche une
„ épée porée ; il avoit des gans , des
„ bagues d'or au doigt & un livre entre
„ les mains ; il avoit des bottes & des
„ éperons dorés & des pantouffles aux
„ pieds. Tout le monde fut furpris
„ de voir un Corps enterré depuis
„ 194. ans, auffi entier , que s'il ne
„ l'eût été que depuis trois jours. On
„ le laiffa, continue le Manufcrit, ex-
„ pofé toute la journée, pour fatisfaire
„ la curiofité de toute la Ville. Le
„ jour fuivant on couvrit le Tombeau
„ d'une pierre platte pofée à niveau
„ du terrain de la Cathédrale, & on
„ enleva la Statue de l'Evêque, qui
„ le couvroit auparavant : Je ne fai,
„ fi ce n'eft pas la même, qu'on voit en-
„ core dans le Mur - hoff, c'eft à dire
„ dans l'Attelier des tailleurs de pierre;
„ nos Manufcrits affûrent du moins,
„ que la Statue de Berthold y fut trans-
„ portée „ Hift. d'Alface Tom. I.
„ part. IV. p. 39.

G 5

Derriére l'Autel ſont les deux Epitaphes de très Noble Chevalier Conrad de Bock & Dame Eliſabeth ſon Epouſe.

Anno Domini M. CCCC. LXXXIII. Kal. Octobr. obiit Conradus Bock Armiger. orate pro eo.
Anno Domini M. D. obiit honeſta Domina Eliſabeth Bockin uxor ejus.

L'on y voit encore celle de Berthold, Archevêque de Mayence, dont la Statue eſt incruſtée à demi-corps dans le pilier en ornemens Pontificaux en ces termes au tour.

Memoria Reverendiſſimi Illuſtriſſimique Principis Domini Domini Bertholdi Archi-Epiſcopi Moguntinenſis, obiit Anno Domini Milleſimo quingenteſimo quarto. Orate pro eo.

Autre.

Ci Gist.

Jaques de la Grange
Fils de Messire Jacques
de la Grange Conseiller
& Intendant de Justice,
Police & Finance en Alsace
le quel mourut le 2. May mil
six cens quatre vingt six , âgé de
deux ans deux mois.

Epitaphes dans la Chapelle de Saint
Laurent.

La prémiére est celle de feu Messire St.
André Marnays de la Bastie Comman-
dant de cette Ville , elle est écrite en let-
tres d'or sur un beau marbre noir.

Hic jacet St. André Marnays la Bastie,
    Dominus Vercelii Comes , Ca-
    tervarum ductor , Ordinis Mil-

litaris Sti. Ludovici fummus Commendator, Regius in Argentoratenfi Urbe eo ipfo die, quo Imperio Gallico adjuncta eft, Præfectus,

à Ludovico XIV.

Ex nobili in Delphinatu Profapia ortus. Patrem habuit Antonium St. André Marnays, qui Arci & Urbi Cafalenfi præfuit, & qui expugnando trino caftra conducens multis vulneribus fauciatus gloriofus mortem oppetiit.

anno M. DC. XXXVI.
Filius Clariffimo Patri fimilis obiit hac in Urbe, die VII. Novembris anno M. DCC. XVIII. natus annos LXXXII.
Ejus Liberi hoc pietatis Monumentum pofuerunt.

Il fe trouve auffi dans cette Chapelle un Epitaphe allemande, de très Noble

Baron Jean Chrêtien de Dombroch &c.
grand Vèneur de S. E. le Cardinal de
Fürstenberg &c. Audessus de la quelle
font taillés dans la même pierre les
Noms & les Armes des Familles sui-
vantes.

I. C. de Dombroch.
H. L. C. V. Rathsamhausen.
Comtesse de Limbourg Bronckhorst.
Comte de Hoya.
Comte de Hohenstein Schauenbourg.
Duchesse de Braunschweig & de Lü-
      nebourg.
De Dombroch,
De Wicherling.
De Cornachina.
De Tungern.

Epitaphe de Messire de Halvern.

Memoriæ æternæ.

Per Illustris Ampliss. & Excellentiss.D.
   Hermani de Halveren I. V. D.
   duorum S. R. E. Cardinalium

& Principum Argentinenfium
Cancellarii & Confiliarii Intimi,
Satrapiarum in Ober-Kirch, Nop-
penaw & Ettenheim, Directoris
Reverendiff. & Illuftriff. Capituli
Cathédralis Argentinenfis Confi-
liarii, Syndici & Satrapæ fupremi.

Qui, dum vixit riligione in Deum
Deo dilectus in fuperiores obfe-
quio, in pares benevolentia,
modeftia in inferiores fummis &
imis perinde gratus paternæ vir-
tutis memor, non tam illam mi-
rari quam imitari folitus in filio
patrem expreffit. Idem utrius nomen, par utriùfque virtus, quam
in Weftphalicâ pace operam na-
vavit & Pater hanc in Rifwic-
impendit filius, qui variis etiam
Legationib' clarus Negotiis planè
arduis ad felicem exitum perduc-
tis indefeffa XL. annorum operâ
huic Diœcefi navata non tam die-
rum, quam meritorum plenus
migravit ad Dominum anno
ætatis LXVII. falutis reparatæ

M. DCC. XXI. die XVII. Ja-
nuarii.

Dilexit juſtitiam & odit iniquitatem.
Dies mei ſicut umbra declinaverunt.
Hoc Tibi honoris monumentum po-
ſui mœſta Conjux; at , cur non
poſuiſti mihi? vel potius , cur
non tertius poſuit utriusque? jun-
xiſſet ſic unus tumulus , quos unus
ſemper junxit amor.

Epitaphe d'un Prébendier.

Reverendus Dominus Joh. Ferdinan-
dus Wirsbergbonnenſis , hujus Cathedralis Præbendarius & deputatus,
obiit 13. Martii 1694. Requieſcat
in pace.

Autre d'un Prébendier.

Obiit piè in Domino die XXX. Octo-
bris anno Domini 1721. admodum
Reverendus Dominus Johannes
Marcus Aubertin Luxenburgenſis

fummi Chori hujus Cathédralis Ecclefiæ Præbendarius fenior & fub-Cuftos ætatis 64. annorum & 6. Menf. ejus animæ piè Lector dic: Requiefcat in pace.

Autre d'un Prébendier.

Die XVII. Januar. anno M. DCC. XVIII. piè in Domino obiit Reverend. Dominus Joh. Baptifta Nicolin fummi Templi Præbendarius & Deputatus, cujus anima Requiefcat in pace.

A l'Entrée de la Chapelle de St. Laurent on trouve au pilier derière le Bénitier la fuivante.

Anno Domini M. CCCC. XXVI. die XVIII. Kal. April. obiit Henricus Walther. de Engen Archipresbyter, S. Laurentii & Præbendarius Chori. Orate pro eo.

Epita-

Epitaphes dans la Sacristie sur la gauche du Chœur.

Dans cette Sacristie est inhumé Conrad II. de Lichtenberg Évêque de Strasbourg. Sa Statue, qui y est couchée au pied de l'Epitaphe, contient ces mots.

Anno Domini M. CC. LXXXXII. Kal. Augusti obiit Dominus Conradus Secundus de Lichtenberg, Argentinensis Episcopus hîc sepultus, qui omnibus bonis conditionibus, quæ in homine mundiali debent concurrere, eminebat; nec sibi visus est similis in illis, sedit autem annos 25. & mensibus sex. Orate pro eo.

L' Epitaphe de Mr. le Comte Potocki.

D. O. M.

Funde lachrimas Viator.

Flos illustrissimæ Potocciorum familiæ aruit. Splendor Nobilissimi Generis per Poloniam, imo per universam Europam diffusus, in mortualem abiit favillam, illustrissimus nempe

H

AntoniusPotockiPalatinides Smo-
lenfcenfis Capitaneus Kotomy-
enfis, Illuftriffimorum Jofephi à
Potok Potocki Palatini, & Generalis terrarum Kiioviæ fupremi
exercituum Poloniæ Ducis, Nepos. Stanislai & Mariannæ de
Lafczyis Potocki Palatini Smolen-
fciæ Capitanei Halicienfis Filius.
Auguftiffimarum trium in orbe
Coronarum confanguinitate clarus. Mortalis ævi florem fub hoc
marmore depofuit ille Antonius,
fanguine & indole Magnus, ac
ipfa expectatione major. Quem
illuftriffimus Czapski thefaurarius
fupremus Regni adeo appretiavit,
ut cor fuum daret, nempe in con-
jugem lectiffimam, Filiam quam
toto pectore æftimaverat, in principum Wisniowiecciorum, Rad-
ziwiliorum, Lubomirfciorum,
Mniszchorum, Wielopolfciorum,
Jablonowfciorum, Tarlorum,
Zamoyfciorum, Humiecciorum,
&c. Purpuram etiam hoc filium
Fortuna intexuit. Quod & fata

nefcient præfcindere, licet ftamen
vitæ abrupiffent: Antonio illi ma-
gno, quia innocenti fimillimus,
ea jam indoles, is animus præcur-
for ætatis in moribus ac factis emi-
cuit, quo jam regnis, quo fpei
publicæ non Domi tantum, fed
foris placuit. Qui dum floren-
tiore ævo Chriftiani orbis oras
magnus hofpes luftrat & illuftrat,
eheu! ipfe extinguitur. Sed nihil
laudi, nihil gloriæ deceffit. Re-
fpexit indolem Cœlum, & Ani-
mam Coronavit Anno Chrifti
M D CC XLI. 6. Kalendas Maji.
ætatis XIX.

Epitaphe de Mr. le Comte Koffakowski.

D. O. M.

Eo usque procede Viator Dolor. Ad
hoc Saxum terminum habiturus
hic nempe Illuftriffimus Ignatius
Koffakowski Caftellanides Podla-
chiæ tribus in Europa foliis affinis.

De trabeato Potocciorum, Lefczy-
niorum, Ducum celfiffimorum
Wisniowiecciorum, Zbarazcio-
rum, Lubomirfciorum, Radziwi-
liorum, Zamoyfciorum, Wielo-
hurfciorum Rzewufciorum, &c.
fanguinis colligati æquore. Ve-
rius pretiofo eritreo Lechicæ coro-
næ æftimanda emanans gemma.
Illuftriffimi Jofephi à Potock Potocki Palatini terrarum Kijoviæ
fupremi exercituum Poloniæ Ducis nepos, in tenera ætate certâ
fpe magnanimus, in prætextâ ad-
huc jam Loricatæ cohortis Dux,
peregrinus exteros invifens foles
ultimam vitæ tetigit metam. Pa-
rum ratus juvenis animus per fcu-
ta reptare & trabeas, antiquiffi-
mæ à fæculisKorwinorum Domus
ultra nepos, dedit æternitati ani-
mam defpexit terras, cœlum fpe-
ctando Ignatius. Anno Chrifti
M D CC XLI. 8. Kalendas Maji.
ætatis XX.

REMARQUE.

LEs Epitaphes fuivantes fe trouvent dans les Chroniques & dans les Auteurs allegués ; elles étoient autre-fois dans la Cathédrale, mais lorfqu'en, 1536. cette Eglife fut pavée, une bonne partie en a été ôtée, difperfée, brifée, & peut être même employée à la maffonnerie & au pavé par une indifférence peu louable, qu'on paroît avoir eue pour ces Monumens: on a cru cependant devoir les tranfcrire ici, pour en conferver mieux la Mémoire.

Epitaphes.

Anno Domini M. D. II. Dominica Judica, obiit validus vir Theobaldus Pfow de Riepur Armiger. Orate pro eo.

Memoria Generof. Domini Francifci de Honftein, Canonici hujus Ecclefiæ. obiit V. Sept. M. D. XV.

Hic ego qui jaceo præftantis Corporis almæ Virtutumque Comes Henneberg ecce fui.

H 3

Argentina meum nomen Bertholdus habebat,
Inque sacras ædes Diva Minerva tulit:
At tu, qui transis homines humanaque
cuncta
Aspice mortalis quam cito cuncta cadunt.
Mille annique quater centum nonaginta-
que quinque
Majus erat, pro me fundite quæso preces.

Memoria.

Venerab. & Generos. Domini Johan-
nis Comitis de Wertenberg Epis-
copi Argentinensis hujus Ecclesiæ
Canonici obiit anno 1486.
1508. 3. Non. Aprilis obiit honorat.
Dominus Nicolaus Lützelstein,
Capellanus Fabricæ Argentinensis.
Orate pro eo.

Hic agitur Memoria Lamperti Rytesel
de Lustris, Canonici S. Petri ju-
nioris M. CCCC. LXV. Kal,
Aprilis.

Anno M. CCCC. non Jul. obiit Ja-
cobus de Colon. civis Argentinensis.

Hic jacent vetuftæ Familiæ Baronum
de Hewen duo culmina. Dominus
Henricus Epifcopus Curienfis &
Rudolphus uterque Cuftos & Canonicus Argentinenfis.

Anno Domini M. CC. LXIIII. nonis
Martii obiit Epifcopus Henricus
de Staleck.

Wilhelmus Dei gratia Epifcopus Argentinenfis Landgravius Alfatiæ
Anno Domini 1522.

Memoria Venerab. D. Friderici de
Zolre Epifcopi Conftantienfis hu-
jus Ecclefiæ Can. obiit M. CCCC.
XXXVI. III. Kal. Julii.

Anno Domini M. CCC. LXV. id. Sept.
obiit Venerab. Dominus Johannes de Liechtenberg, Epifcopus
hujus Ecclefiæ Argent.

Anno Domini M. D. XXVI. VI. Kal.
Jun. obiit Venerab. & Illuftr. Dnus.
Henricus, Comes & D. in Hen-

H 4

nenberg Canonicus &Scholaſticus Eccleſ. Argent. Orate pro eo.

Anno Domini M. CCCC. LXXI. IIII. id. Martii obiit Generoſ. Dominus Conradus de Buſnang Cancellarius & Portarius Eccleſiæ Argentinenſis. Orate pro eo.

‑ ‑ ‑ Aprilis obiit Generoſ. Dominus Henricus Comes de Werdenberg Canonicus hujus Eccleſiæ. Orate pro eo.

Anno Domini M. CCCC. LXXXXV. die XV. Kal. Martii obiit Joannes, dictus Bock filius Sigmundi Bock. Orate pro eo.

E P I T A P H E
Du Prémier Ammeſtre.

Anno Domini M. CCC. XLVIII. die XVII. Kal. Jun. obiit Burchardus dictus Twinger Magiſter Scabinorum Civitatis Argentinenſis.

c'a été ſous cetAmmeſtre,qu'en 1333. fut dreſſé le Schwör-brieff, qui eſt lû &

publié en grandes Cérémonies tous les ans, le prémier mardi après les Rois devant la Cathédrale M. Kleinlawel p. 51. Hift. d'Alface. Tom. I. part. IV. p. 410.

EPITAPHE

De

Jean Mentelin prémier Imprimeur & Iuventeur de cet Art.

IL eft enterré dans la Cathédrale, & pour honorer fa Mémoire, on grava une Preffe fur la Tombe.

L'Epitaphe étant conçue en termes Allemands, on a cru devoir la traduire, étant de l'honneur de cette Ville, d'en faire part à ceux, qui jufqu'ici pouvoient l'avoir ignorée. C'eft ainfi qu'on le fait parler.

Je repofe ici.

Jean Mentelin, qui par la grace de Dieu ai le prémier inventé dans Strasbourg des Caractéres d'Imprimerie, par le moyen des quels un homme êcrira plus dans un jour, qu'autre fois dans un an. Cet Art fe perpétuera

H 5

jufqu'à la fin du monde. Or il feroit
jufte, qu'on en rendit graces à Dieu,
& fans vanité à mon induftrie, mais
au défaut de ce que devroient faire
les hommes, le Seigneur lui même
m'a choifi ce Monument, & a voulu,
qu'en recompenfe d'une fi belle In-
vention l'Edifice de la Cathédrale
me fervît de Maufolée.

NB. *J'infére ici par occafion la copie
d'un Monument, que j'a vû depuis peu en
Original & qui doit faire pour le fujet en
queftion : Il porte d'un côté les Armes de
Strasbourg, & de l'autre un Lion couronné avec cette Infcription.*

Memoria Johannis Mentelin Civis Argentinenfis, Parentum fuorum Ni-
colai, Elyzabeth : Magdalenæ pri-
mæ uxoris, & Liberorum fuorum,
nec non Elyzabeth de Matzenheim
uxoris fuæ fecundæ. Anno Domini
M. CCCC. LXXIII.

La même copie fe trouve auffi dans
Schilt. p. 451.

REMARQUES

Sur l'Imprimerie.

JEan Mentelin êtoit de Seleftad ; én
1440. il vint s'établir à Strasbourg
dans une maifon, dite le Parc, qui étoit
pour lors une hôtellerie, & qui fait aujourd'hui partie du Collége des R. R.
P. P. Jéfuites vis à vis le Fronhoff, *de-
molie depuis :* où il inventa l'Imprimerie &
y fit les prémiers effais de l'Impreffion a-
vec des Lettres, qui au commencement
n'êtoient que de bois ou d'écorce de
hêtre.

En 1447. il fe fit paffer bourgeois de
cette Ville, & infcrire à la Tribue des
Peintres & des Orfévres, que l'on appelle aujourd'hui le Poêle des Vitriers :
il êtoit Notaire Juré.

En 1474. il fonda un Anniverfaire
dans la Chapelle de St. Laurent pour
fes Pere & Mere Femmes & Enfans.

En 1478. il mourut à Strasbourg le
famedi après la Conception de la Vierge.
Kleinlawel. p. 100. *Schilt.* p. 451.

Après fa mort, l'Imprimerie commença peu à peu à s'introduire & à fe

perfectionner dans les principales villes, d'où il est venu, que les Italiens l'attribuérent à Ulric Gallus ou Han à Rome ; les François à Nicolas Genson à Paris ; les Hollandois à Laurent Jansen à Harlem ; ces hommes aïant les prémiers exercé cet Art dans ces villes.

Mais quoi qu'on dise nous avons des preuves trop convainquantes, que l'Imprimerie a été Inventée à Strasbourg par Mentelin, & ensuite perfectionnée à Mayence par Guttenberg. Voyez Wimpheling sur la fin de son Livre intitulé Tutschland.

Nous avons encore sur ce sujet un Traité en allemand plus ample & plus détaillé, Imprimé à Strasbourg chez Maurice Carln en 1640. de même que celui, qui porte pour titre : l'Imprimerie bien ordonnée aussi en allemand : Imprimé à Nüremberg chez le fils de Jean Ænder en 1721. & *Schilter* dans ses Remarques sur *Königshoffen.* p. 443. & seq.

Ceux, qui seront curieux de s'instruire mieux de la verité du Fait, peuvent consulter l'Histoire d'Alsace par le R. P. Laguille de la Compagnie de Jésus

T. I. part. IV. p. 242. & feqq. où ce Savant Auteur n'arien oublié pour affurer cette Gloire à nôtre Patrie.

On a cru faire plaifir au Lecteur de rapporter à cette occafion les Principaux imprimeurs de l'Europe, dont les Editions font les plus recherchées, tels furent;

En 1450. Jean Guttenberg & Jean Gänsfleifch à Mayence.

En 1460. Jean Fauft & Pierre Schäffer à Mayence.

En 1445. les Aldes à Venife. Leur marque eft une Ancre entourée d'un Dauphin.

En 1521. Frobene à Bâle. Sa marque eft un Caducée furmonté d'une Colombe.

En 1539. Robert Etienne à Paris, dont la marque eft un Olivier.

En 1589. Chriftophe Plantin à Anvers: l'Enfeigne eft une main, qui fortant des nues, préfente un anneau, aux quels on peut ajoûter les Griphes à Lion & les Elzevires à Amfterdam.

(o)

CHAPITRE
TREIZIEME.

Des Endommagemens de la Cathédrale, & de la Tour.

EN 1130. 1140. & 1176. la Cathédrale fut confidérablement Endommagée par des feux du Ciel. *Schilt. p.* 275. *Kleinlaw. p.* 24. & 25.

En 1289. il y eut un fi grand tremblement de terre, que les Piliers de la Cathédralé en furent notablement émûs. *Kleinlaw. p.* 44.

En 1298. le Roi Albert partant un grand matin de Strasbourg, un de fes Cavaliers laiffa par mégarde brûler une Chandelle dans les Ecuries du Palais Epifcopal, d'où il s'éleva une fi terrible Incendie, qu'outre

355. maiſons, que le feu conſuma,
il mit encore en cendres tout ce
qu'il y avoit de charpenterie à la
Cathédrale, il ruina les Orgues,
& cauſa pluſieurs autres petres
très conſidérables. Le plomb du
toit, que ce feu fondit, coula juſ-
que dans la Bruſch. Königshoff.
dans ſon Manuſc. *p.* 215. *Schilt.*
p. 564. Schad. p. 15.

En 1356. & 57. il y eut à Strasbourg
& à Bâle un ſi terrible tremblement de terre, que la Tour & la
Cathédrale en ſouffrirent & quantité de maiſons tombérent en rui-
ne, de ſorte, que les Bourgeois
furent obligés, de dreſſer des ten-
tes hors de la Ville pour y cher-
cher leur azile: ce fut à cette oc-
caſion, & en vûe de détourner
de pareils maux de deſſus la Ville,
que le Clergé & la Bourgeoiſie
firent Vœu d'aller tous les ans en
Proceſſion & de diſtribuer des au-
mônes le jour de la St. Luc. *Königs-*
hoff. p. 361. *Kleinlaw. p.* 60.

En 1384. il arriva une autre Incendie

auprès des Orgues, par un feu, qu'on y entretenoit pour les raccommoder, dont nôtre Edifice éprouva de triftes effets. *Schilt. p. 276. Kleinlaw. p. 71.*

En 1397. il s'éleva encore une grande Incendie par un orage, & la Cathêdrale en fut de nouveau endommagée. *Schad. p. 20.*

En 1533. elle fut encore endommagêe par un orage. *Schad. p. 21.*

En 1540. un affreux orage vint avec tant d'impétuofité, qu'il enleva de deffus la Platte-forme le couvercle de cuivre, qui péfe 350. livres & le porta jusque fur le toit de plomb, où il fit beaucoup de ravage, *Schad. p. 21.*

En 1562. la Couronne fut endommagée par le Tonnere.

En 1565. la Couronne fut mife en fi mauvais êtat par le Tonnere, que, de peur qu'elle ne tombât tout à fait, on fut obligé d'en faire la réparation à grands frais.

En 1568. le feu du Ciel tomba dans le Chœur, brûla la toiture & fondit
le

le plomb, le même jour, que Jean Comte de Manderſcheid fut inthroniſé Evêque dans la Cathédrale au rapport d'une Chronique manuſc.

En 1574. un coup de Tonnere entremélé de Grêle & d'Eclairs avec un tremblement de terre tomba dans la Cathédrale en y laiſſant de triſtes marques de ſon effet. *Schad. p.* 22.

En 1584. le feu du Ciel étant tombé ſur la cloche de l'Horloge, & le marteau tombant en même tems pour frapper les heures, fut fondu & colé contre la cloche.

En 1626. le feu du Ciel tomba de rechef ſur la Couronne, & y fit un ſi terrille ravage, que, pour en réparer la perte, il fallut abattre la Tour à 28. pieds de hauteur & l'élevant dans la même forme qu'elle étoit, on y ajoûta un pied de plus, qu'elle n'avoit auparavant. Les frais de cette réparation ſe montérent à 6000. livres. *Heckler dans ſes Manuſc.*

I

Ce fut en 1654. le 6. Juin, que le plus horrible coup de Foudre vint ſe lancer ſur cette Tour, avec plus de véhémence ce ſembloit, que jamais, pour y porter la derniére déſolation; car elle en fut tellement endommagée & preſque entiérement ruinée juſqu'aux 8. petits Eſcaliers, ſans parler de ce qu'elle ſouffrit tout du long par les pierres, qui tombèrent de ce coup fatal juſques ſur la place, qu'il fallut en abattre 58. pieds. l'Architeﬞte Heckler employa enſuite trois années entiéres pour réparer cette perte, en la remettant dans l'êtat, où nous la voyons aujourd'hui: il fut encore ajoûté un pied & demi à ſa hauteur.

En 1714. & 1721. le marteau fut derechef fondu & colé contre la cloche de l'Horloge par le feu du Ciel, dont on voit encore les marques.

Ce ſeroit abuſer de la patience du Leﬞteur, que de vouloir rapporter ici tout ce que cet Edifice a ſouffert par l'injure des Tempêtes, depuis qu'il eſt bâti: il faut donc couper court pour aller au.

QUATORZIEME
ET DERNIER CHAPITRE
Des Renouvellemens & Réparations de la Cathédrale & de la Tour.

EN 1455. Jofte de Wormbs conftruifit un nouveau Chœur de pierres de tailles, à quoi il employa 5. années entieres. *Heckler dans fes Manufc.*

En 1459. les voutes furent raccommodées & renouvellées : on fit une nouvelle toiture, qui fut couverte de plomb. *Schad. p. 17.*

En 1486. on dreffa la voute du Chœur. *Schad. p. 17.*

I 2

En 1515. fous l'Evêque Guillaume de Hohenftein on bâtit la Chapelle de St. Martin; le toit en fut couvert de cuivre & orné de plufieurs boules d'orées au feu, comme il fe voit encore de nos jours.

L'année fuivante on dreffa les Contreforts de cette Chapelle, ce que l'on voit par la datte, qui y eft marquée.

En 1565. la Couronne de la Tour endommagée par le Tonnere, fut réparée.

En 1571. on répara le toit du Chœur, & les Efcaliers, qui avoient été frappés & endommagés par la foudre.

Il s'eft fait depuis diverfes réparations & renouvellemens à cet Edifice, n'y aïant presque eu aucune année, où il n'eût effuyé des fecouffes par les orages, & les vents, auffi n'a-t-on jamais manqué d'y remédier fur le champ; pratique louable, qui s'obferve encore de nos jours avec beaucoup de foin & d'application.

L'on trouve un plus ample détail fur les matiéres de ce Chapitre dans la Chronique de Königshoffen ci-devant Prêtre & Chanoine de St. Thomas à Strasbourg, la quelle il écrivit vers l'an 1380. elle confifte en 319. grandes feuilles de parchemins, l'Original en eft confervé à la Fabrique.

La Chronique de Schilter, qui a fait Imprimer celle de Königshoffen, en l'augmentant de remarques très utiles en 1698. fervira encore à ce fujet.

De même que la défcription de la Cathédrale par Schadœus Miniftre Luthérien de St. Pierre le vieux à Strasbourg, Imprimée en 1617.

Enfin la Chronique de Bernard Hertzog Bailli de Werth, Imprimée en 1591.

GLORIA IN EXCELSIS DEO.

F I N.

I 3

LA HAUTEUR DE LA TOUR DE STRASBOURG

Démontrée par trois Triangles rectangles exprimés par trois Racines quarrées conformément à la 47. Proposition du I. Liv. d'Euclide.

Les côtés.	I. Triang. Pieds de Strasbourg.	Pouces.	Lignes.	Figures.
A.	370	6	9	
B.	494	1	..	
C.	617	7	3	

	II. Triangle.			
A.	205	10	5	
B.	494	1	--	
C.	535	3	1	

	III. Triangle.			
A.	263	6	$1\frac{2}{15}$	
B.	494	1	--	
C.	559	11	$6\frac{6}{15}$	

Les Géographes connoîtront par cette Regle, fans le fecours des Logarithmes, la jufte diftance de trois Endroits; par exemple de Strasbourg à Paris & Mayence & de Mayence à Paris, &c.

PREUVES DEMONSTRATIVES

De la jufteffe des Racines quarées de chaqueTriangle par laRegle de trois: on connoîtra par la Bafe A. le côté B. & par le côté B. la ligne diagonale C.

Si	don-nent	Preuves du premier Triangle. combien donneront pieds de Strasbourg.	Pouces.	Lignes.
12	16	370. ou 53361 Raci-	6. nes fans	9. fractions
8	10	494. ou 71148.	1.	
		Preuves du II. Triangle.		
15	36	205. ou 29645.	10.	5.
48	52	494. ou 71148.	1.	
		Preuves du III. Triangle.		
24	45	263. ou 569184.	6.	1 9/15
15	17	494. ou 1067210.	1.	

Il y a des démonftrations, pour former fur chaque Nombre donné des Triangles, exprimés par trois Racines quarrées.

Dieu a créé toutes chofes avec Mefure, Nombre & Poid. *Sap.* 11. 21.

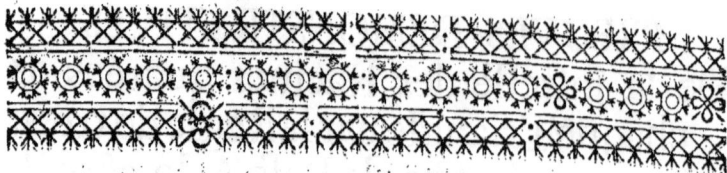

TABLE
DES MATIERES.

Ham-

H.

I.

K.

L.

Men.

Reli-

(o)

R.

S.

Tom-

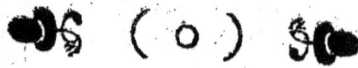

⚜ (o) ⚜

T.

V.

Fin de la table.

⚜ (o) ⚜